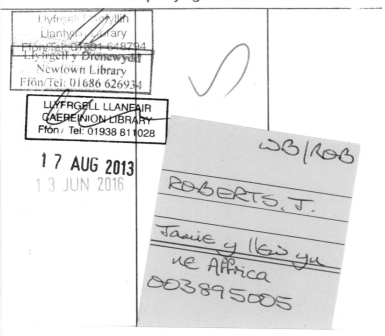

D1424696

37218 00389500 5

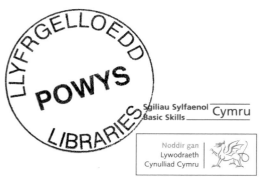

Noddir gan
Lywodraeth
Cynulliad Cymru

CYNGOR LLYFRAU CYMRU

ISBN: 978 1847711724

Mae'r cynllun Stori Sydyn yn fenter ar y cyd rhwng Sgiliau Sylfaenol Cymru a Chyngor Llyfrau Cymru. Ariennir y llyfrau gan Sgiliau Sylfaenol Cymru fel rhan o Strategaeth Genedlaethol Sgiliau Sylfaenol Cymru ar ran Llywodraeth Cynulliad Cymru.

Argaffwyd a chyhoeddwyd gan
Y Lolfa, Talybont, Ceredigion SY24 5HE
gwefan www.ylolfa.com
e-bost ylolfa@ylolfa.com
ffôn 01970 832 304
ffacs 832782

Jamie

Y Llew yn Ne Affrica

JAMIE ROBERTS

gyda Lynn Davies

PENNOD 1

DOD YN LLEW

DYDD MAWRTH, 21 EBRILL odd hi. Wna i byth anghofio'r diwrnod. Ro'n i'n eistedd yn y car ym Marina Penarth gydag un o'n ffrindie, Tom, yn gwrando ar Gerald Davies. Y fe odd wedi'i ddewis yn rheolwr carfan y Llewod fydde'n teithio i Dde Affrica ymhen ychydig wythnose. Yn fyw ar y radio rodd e'n darllen enwau'r chwaraewyr fydde'n mynd ar y daith. Ond gan ei fod e'n eu darllen nhw mor araf rodd fy nerfau i'n rhacs!

Cyn gême rhyngwladol yr hydref yn 2008, fe dynnodd Warren Gatland ein sylw ni, chwaraewyr Cymru, at y ffaith fod y Llewod yn mynd i Dde Affrica y gwanwyn wedyn. Fe ddwedodd e fod cyfle gan bob un ohonon ni i neud ein marc yn y gême rhyngwladol odd i ddod. Felly, rodd mwy o reswm fyth dros edrych ymlaen at bob un o'r gême hynny. Ro'n i'n gobeithio y byddwn i'n chware'n dda ac y cawn i fy newis i garfan y Llewod.

Bues i'n lwcus iawn yn y cyfnod hwnnw. Ro'n i'n aelod o dîm y Gleision odd wedi ca'l tymor arbennig, gan gyrraedd rownd gynderfynol Cwpan Heineken. Hefyd, rodd tîm Cymru wedi gwneud yn eitha da yn y gême rhyngwladol yn ystod yr hydref ac ym Mhencampwriaeth y Chwe Gwlad. Pan fydd chwarewr yn aelod o dîm llwyddiannus, bydd fel arfer yn gneud yn dda ei hunan. Hefyd bydd tîm da a chware da yn denu sylw'r wasg a'r dewiswyr. A dyna ddigwyddodd i fi, rwy'n meddwl, ac rodd yr amseru'n grêt o ran taith y Llewod.

Rodd Dad ac ambell aelod arall o'r teulu wedi bod yn dweud wrtha i bod y wasg o'r farn y byddwn i yn y garfan. Felly ro'n i wedi mynd i feddwl bod 'da fi siawns eitha da. Ond dodd dim sibrydion oddi wrth y tîm rheoli i awgrymu pwy odd wedi ca'l ei ddewis. Rodd cyhoeddi'r enwau yn fyw ar y radio a'r teledu yn ffordd wych o roi gwybod i bawb ar yr un pryd. Eto, wrth eistedd yn y car yn gwrando ar Gerald, gan ysu am ei glywed e'n darllen fy enw i, do'n i ddim mor siŵr!

Yna fe gafodd fy enw i ei gyhoeddi. Ro'n i'n mynd i Dde Affrica! Rodd hi'n foment arbennig iawn, felly aeth Tom a fi mas o'r car a gwneud rhyw ddawns fach ar y marina gan mod i mor hapus. Yna prynu hufen iâ i ddathlu! Ffones i Mam a Dad, David, fy mrawd, a chwpwl o ffrindie er mwyn rhannu'r newyddion da gyda nhw. Wedyn dechreuodd y ffôn ganu'n ddi-baid. Rodd cymaint o bobl ro'n i'n eu nabod, chware teg iddyn nhw, eisie fy llongyfarch i. Y cam nesa odd prynu ychydig o champagne a lager er mwyn cael parti bach. Do, fe gawson ni barti y noson honno yn y tŷ rwy'n ei rannu gyda thri o ffrindie ym Mhontcanna. Gwych!

Yn ystod y dydd y diwrnod hwnnw, rodd 'na gyfarfod arbennig ar gyfer y wasg ym Mharc yr Arfau. Fe gafodd pob un ohonon ni o dîm y Gleision odd wedi ca'l ein dewis eu cyflwyno iddyn nhw. Rodd chwech o dîm y Gleision wedi eu dewis sef: Gethin Jenkins, Andy Powell, Leigh Halfpenny, Martin Williams, Tom Shanklin a fi. Rodd bod yno'n ddigwyddiad ffantastig i ni i gyd ac i Glwb y Gleision. Ro'n i'n synnu, serch hynny, fod ambell chwarewr heb gael ei ddewis i'r Llewod. Tom Croft o Loegr yn un ac yn enwedig Ryan Jones – rhywun rwy'n ei edmygu'n fawr iawn fel capten Cymru.

Rodd nifer o gême caled yn dal i'w chware yn y Cwpan Heineken ac yng Nghynghrair Magners, cyn y bydden ni'n teithio i Dde Affrica. Rhaid cyfadde, serch hynny, cyn mynd mas ar y cae ym mhob un o'r gême hyn, byddwn i'n gobeithio na chawn unrhyw niwed. Gallai hynny, wrth gwrs, fy rhwystro i rhag mynd gyda'r Llewod. Yn wir ro'n i'n teimlo mor flin dros Tom Shanklin pan gafodd ei anafu. Bu'n rhaid iddo fe dynnu 'nôl o garfan y Llewod. Rodd e wedi ca'l anaf gas i'w ysgwydd wrth chware i'r Gleision ychydig wythnosau cyn dechrau'r daith. Er gwaetha'r ffaith fy mod i'n poeni y gallai hynny ddigwydd i fi, do'n i ddim yn mynd i adael iddo gael effaith ar fy ngêm i. Oherwydd rwy'n credu'n gryf fod chwarewr sydd yn dal ei hunan yn ôl ar y cae yn llawer mwy tebyg o gael anaf. Mae'n well rhoi cant y cant bob amser.

Dros y blynyddoedd, ro'n i'n gwerthfawrogi'r ffaith fod cymaint o bethau wedi mynd o 'mhlaid i. Rhyw bedair blynedd yn ôl fe lwyddes i'n ddigon da yn fy arholiadau Safon A i fynd i Brifysgol Caerdydd i astudio Meddygaeth. Bydd hyn yn rhoi cyfle i fi, yn y pen draw, i ddilyn gyrfa mewn maes mae 'da fi ddiddordeb mawr ynddo.

Yn y byd rygbi fe ges i gynrychioli Cymru ar bob lefel – o dan 16, o dan 19, yn ogystal â chware i dîm Cymru o dan 21. Yn 17 oed, fe ddes i'n aelod o Academi Clwb Gleision Caerdydd a bues i'n chware i dîm dinas Caerdydd am ddau dymor. Ac yna cafodd nifer o chwaraewyr Gleision Caerdydd eu dewis i garfan Cymru, ac aethon nhw i ffwrdd i chware yng Nghwpan y Byd yn 2007. Felly, fe ges i gyfle i ennill fy lle yn nhîm cynta'r Gleision.

Yn 2008, ces fy newis i ymuno â charfan Cymru yn ystod Pencampwriaeth y Chwe Gwlad. Cam pwysig arall ymlaen yn fy ngyrfa fel chwarewr rygbi proffesiynol. Yna, yr haf hwnnw ar ddiwedd y tymor, es i ar daith gyda thîm Cymru i Dde Affrica. Fe lwyddes i gadw fy lle ar gyfer gême'r hydref wedyn a Phencampwriaeth y Chwe Gwlad yn 2009. Ar y pryd do'n i ddim yn meddwl y galle bywyd fod yn well na hynny.

Ond ym mis Ebrill 2009 fe gyrhaeddes i binacl fy ngyrfa rygbi – ca'l fy newis i garfan y Llewod. Wrth gwrs, dyna'r anrhydedd mae pob chwarewr rygbi proffesiynol yn ysu amdani. Ro'n i wedi bod yn ddigon ffodus i gael y fraint a minnau ond wedi chware yn safle'r canolwr ar y lefel ucha am un tymor llawn. Felly, er cymaint ro'n i'n edrych ymlaen at fynd ar y daith, ro'n i hefyd yn gwybod bod 'da fi lawer i'w ddysgu. Rodd gofyn i fi felly gadw 'nhraed ar y ddaear.

PENNOD 2

Y BLYNYDDOEDD CYNNAR

RWY'N COFIO CLYWED SÔN am y Llewod gynta 'nôl yn 1997 pan gawson nhw daith arbennig o lwyddiannus i Dde Affrica. Ar y pryd ro'n i'n gorffen fel disgybl yn Ysgol Gynradd Gymraeg y Wern yng Nghaerdydd. Mae Mam yn dod o Loegr a Dad o Gasnewydd a 'dyn nhw ddim yn siarad Cymraeg. Ond gan ein bod ni, fel teulu, am fyw yng Nghymru ro'n nhw'n meddwl ei bod hi'n bwysig mod i a David fy mrawd yn dysgu siarad Cymraeg ac yn mynd i ysgol Gymraeg.

Mae 'da fi atgofion melys iawn am yr amser dreulies i yn Ysgol y Wern. Erbyn hyn mae David yn hyfforddi i fod yn ddyn camera, ac yn gweithio'n bennaf ar raglenni S4C. Yn ddiddorol iawn, David odd y dyn camera pan es i am y tro cynta i neud cyfweliad yn Stiwdio S4C ym Mharc yr Arfau. Fe fydda i'n ei weld e'n aml yn ystod gêmau'r Gleision... y fi ar y cae ac ynte'n ffilmio'r gêm a chamera ar ei gefn!

Dodd dim llawer o fynd ar rygbi yn Ysgol y Wern ond pan symudes i Ysgol Gyfun Gymraeg

Glantaf daeth rygbi yn rhan bwysig o 'mywyd i. Yn wir rodd e'n rhan bwysig o fywyd yr ysgol hefyd. Pan o'n i ym Mlwyddyn 7, rodd Jamie a Nicky Robinson yn ddisgyblion hŷn yn Ysgol Glantaf. Ro'n nhw wedi dechrau chware i Gaerdydd ac wedi cynrychioli Cymru o dan 19 oed. Felly, nhw odd arwyr yr ysgol y dyddie hynny.

Fe chwaraes i dimau CRICC, sef Clwb Rygbi Ieuenctid Cymru Caerdydd pan o'n i'n ifanc iawn. Fe gafodd y clwb ei sefydlu dan nawdd Clwb Rygbi Cymry Caerdydd. Y bwriad odd rhoi cyfle i fechgyn ifanc chware a dysgu sgiliau rygbi drwy gyfrwng yr iaith Gymraeg. Ma 'da fi atgofion melys o'r amser hwnnw. Fel arwydd o'm diolch, dw i wedi rhoi un o'r crysau ges i am chware i Gymru iddyn nhw.

Yna, fe ddechreues i chware i dimau Ysgol Glantaf. Ro'n i'n moyn chware yn safle'r maswr ond rodd yr athrawon yn meddwl bod 'na chwarewr gwell na fi yn y safle hwnnw. Felly fe fyddwn i'n ca'l fy newis fel canolwr. Ond pan gyrhaeddes i Flwyddyn 10 – hynny yw, pan o'n i tua 14 mlwydd oed – fe benderfynodd un o'r athrawon, Dai Williams, taw cefnwr odd fy safle gore i. Yn wir, fe ges i fy newis y flwyddyn honno yn gefnwr mewn gêm brawf ar gyfer tîm Caerdydd o dan 15 oed. Ond lwyddes i ddim ar y lefel honno tan y flwyddyn wedyn. Ces fy ethol yn gapten ar dîm dan 15 Caerdydd, gan chware yn safle'r canolwr unwaith eto!

Rwy'n ddiolchgar iawn i Dai Williams am yr orie lawer y bydde fe'n eu hala gyda ni ar y cae rygbi yn Ysgol Glantaf. Rwy'n gwerthfawrogi hefyd y cymorth byddwn i'n ei ga'l gan aelode erill o'r staff, fel Keri Evans a Huw Llywellyn. Rwy'n bwriadu fframio un o 'nghrysau Cymru i'w gyflwyno i'r ysgol yn y man. Bydda i hefyd yn cyflwyno un i Ysgol y Wern. Erbyn hyn ma 'da fi bump o grysau'r Llewod wedi'u harwyddo gan y garfan i gyd. Rwy i am gadw un i'w roi ar y wal yn y tŷ ac fe fydda i'n rhoi'r pedwar arall yn anrhegion Nadolig i ffrindiau.

Dechreues i chware bryd hynny hefyd i dîm ieuenctid Tredelerch (Rumney), yng Nghaerdydd. Yn y blynyddoedd cyn hynny fe fyddwn i, Dad a David, yn dilyn tîm rygbi Casnewydd yn rheolaidd. Yno y ces i fy ngeni a dyna lle rodd y teulu'n arfer byw. Yn wir fy arwr i yn y byd rygbi odd Percy Montgomery. Rodd e'n chware yn safle'r cefnwr i Gasnewydd a De Affrica. Fel chwarewr rodd ganddo fe bopeth – rodd e'n cico'n dda, yn rhedeg yn bert, yn taclo'n gryf ac fe fydde ganddo fe bâr o ddwylo da i basio'r bêl mor effeithiol. Ro'n i wrth fy modd yn ei wylio'n chware. Ond wedi i fi ddechre chware i ysgolion

Caerdydd fe stopiodd y teulu brynu tocyn tymor ar gyfer Rodney Parade. O hynny mlân fe ddechreuon nhw a fi gefnogi'r Gleision.

Ro'n i wedi bod i Dde Affrica i chware rygbi dair gwaith cyn mynd gyda'r Llewod. Es i'r tro cynta pan o'n i'n 16 oed, gyda thîm Glantaf, ac rodd hi'n daith fythgofiadwy. Wedyn fe es i yno gyda thîm saith bob ochr Cymru dair blynedd yn ôl. Rodd hynny hefyd yn brofiad gwych. Y trydydd tro es i gyda charfan Cymru yn ystod haf 2008. Fe ges i gymaint o bleser yn ystod y tri ymweliad yna fel bod ca'l mynd yno unwaith eto gyda'r Llewod fel breuddwyd yn dod yn wir. Ro'n i'n gobeithio y bydde taith y Llewod yn well fyth. Yn ôl yr hyn glywes i gan ambell i gyn-Lew, fel Neil Jenkins, Rob Howley a Scott Quinnell, do'n i ddim yn mynd i ga'l fy siomi!

Fe wnath y garfan a'r swyddogion ar gyfer taith y Llewod gyfarfod yng ngwesty Pennyhill Park, yn Bagshot yn Surrey, wythnos cyn i ni hedfan i Dde Affrica. Rodd 11 ohonon ni'r Cymry wedi teithio yno gyda'n gilydd o Westy'r Vale, ym Mro Morgannwg. Yn Pennyhill y bydd tîm Lloegr yn cyfarfod cyn eu gême rhyngwladol nhw. A dim rhyfedd! Mae'n lle ffantastig! Mae'r gwesty ei hunan o safon pum seren a'r spa yno yw'r gore ym Mhrydain. Yno hefyd mae cwrs golff naw twll, a nifer o gaeau ymarfer – a'r cyfan mewn parc enfawr, 123 o erwau.

Fe ddechreuson ni ar y gwaith paratoi y diwrnod ar ôl i ni gyrradd yno. Bob bore fe fydden ni'n gweithio ar ein ffitrwydd. Ond, gan ein bod ni i gyd wedi dod yno ar ddiwedd tymor prysur a chaled dodd dim pwyslais ar osod targedau personol. Felly, dodd dim rhaid i ni gyrradd rhyw safon arbennig o ran cyflymdra nag wrth godi pwyse. Er hynny rodd y paratoade, o dan ofal Craig White a Paul Stridgeon, yn broffesiynol iawn. Rodd y system ffitrwydd ro'n nhw'n ei rhoi ar waith yn caniatáu i'r corff ddod dros ein holl ymdrechion yn ystod y tymor odd newydd ddod i ben. Ond rodd eu dulliau nhw hefyd yn sicrhau na fydden ni'n colli'r ffitrwydd odd 'da ni cyn hynny. Fel arfer fe fydden ni'n dechrau arni tua 7.30–8.00 bob bore. Bryd hynny, fel arfer, fe fydden ni'n gwneud tipyn o waith yn y *gym*, ar y beicie a'r peirianne rhwyfo. Yn Ne Affrica bydde'n rhaid i ni chware weithie ar dir uchel iawn lle mae'r aer yn denau. Gallai hynny achosi trafferth i ni wrth anadlu. Rodd yn rhaid i ni baratoi ar gyfer hynny. Felly, fe fydden ni'n gwneud llawer o'r gwaith ffitrwydd mewn siambr ocsigen neu bydde'n rhaid i ni wisgo mwgwd arbennig.

Yn y prynhawn fe fydden ni'n ymarfer mas

ar y cae. O'r dechre rodd hi'n fwriad i sefydlu arddull arbennig o chware. Bu pawb, felly yn gweithio'n galed i greu'r patrwm rodd ei angen. Rodd hi'n bwysig fod pob aelod o'r garfan yn gyfarwydd â'r patrwm hwnnw. Bydde hynny'n sicrhau bod pob chwarewr yn gallu camu i mewn i'r tîm ar unrhyw adeg gan deimlo'n gartrefol â'r steil o chware. Hefyd, pwysleisiodd y tîm rheoli na fydde'r tîm ar gyfer y prawf cynta yn cael ei ddewis tan ychydig ddyddiau cyn y gêm honno. Tan hynny, rodd gan bawb obaith o gael ei ddewis.

Y nod odd chware rygbi pert, gyda chyfle i'r olwyr ddefnyddio'u sgiliau rhedeg a thrafod. Bydde angen i'r blaenwyr chwim ddangos eu doniau yn ardal y dacl a'r bêl rydd ac i'r blaenwyr mawr roi eu cryfder a'u pŵer ar waith. Rodd hi'n amlwg y bydde'r pwyslais ar drafod y bêl a'i chadw'n fyw, fel bod y chware'n llifo. Rodd disgwyl i'r Springboks, ar y llaw arall, ddibynnu llawer ar y gic uchel. Ro'n ni hefyd am drio gneud i bump blaen De Affrica symud o un ochr i'r cae i'r llall yn gyson drwy'r gêm. Rodd 'da nhw flaenwyr trwm a'r gobaith odd y bydde'r patrwm chware ro'n ni am ei ddefnyddio yn eu blino nhw yn y diwedd

Ian McGeechan a Rob Howley odd yn gyfrifol am yr olwyr, Warren Gatland a Graham Rowntree fydde yng ngofal y blaenwyr, a Shaun Edwards yn gyfrifol am yr amddiffyn. Rhyngddyn nhw fe lwyddon nhw i gael y gore mas o'r garfan o'r dechre ac ro'n i'n mwynhau gweithio gyda nhw. Wrth gwrs ro'n i'n gyfarwydd iawn â thri aelod o'r pump, naill ai drwy'r Gleision neu dîm Cymru. Do'n i ddim wedi cwrdd ag Ian McGeechan cyn hyn ond fe ddaeth yn rhyw fath o ffigwr tadol i ni i gyd. O ran ei syniade am y gêm mae e'n gredwr cryf mewn gadel i'r chwaraewyr gael rhyddid i fynegi eu hunain ar y cae wedi i'r patrwm sylfaenol gael ei osod. Ond yr hyn wnath argraff aruthrol arna i odd y ffordd rodd e'n gallu ein hysbrydoli ni'r chwaraewyr. Ma 'da fe'r ddawn ryfeddol yna i godi gwallt pen y gwrandawr wrth siarad. Yn yr un modd mae Gerald Davies yn siaradwr penigamp ac fe gawson ni sawl araith gofiadwy ganddo fe. O ganlyniad rodd y Llewod yn gadel Pennyhill Park ddiwedd Mai yn barod i symud mynyddoedd!

PARATOI AR GYFER
DE AFFRICA

MAE LLWYDDIANT TEITHIE'R LLEWOD yn dibynnu fel arfer ar ba mor dda mae'r chwaraewyr yn cyd-dynnu ac yn dod ymlân â'i gilydd. Ym marn nifer fawr o bobl, criw 2009 odd y Llewod mwya hapus a chytûn a aeth ar daith erioed. O'r diwrnod cynta un yn Pennyhill rodd pob un yn y garfan ac yn y tîm rheoli yn cyd-weld yn ardderchog. Fel arfer mae'n arferiad gan y Llewod, yn ystod y cyfnod paratoi i gynnal sesiynau 'bondio'. Y syniad ydi fod y gwahanol chwaraewyr yn dod i nabod ei gilydd yn well cyn gadel Prydain. Ddigwyddodd hynny ddim yn ein hachos ni.

Er bod un sesiwn bondio arbennig wedi'i threfnu, chafodd hi mo'i chynnal. Ro'n ni i gyd wedi mynd lawr i aros yn Portsmouth am noson. Y bore wedyn, ro'n ni i fod fynd i hwylio gydag aelodau o'r Llynges Frenhinol. Rodd pawb wedi bwriadu mynd i'r gwely'n gynnar gan y bydden ni'n gorfod dechre hwylio rhwng pump a chwech o'r gloch y bore. Ond tua deg o'r gloch y noson honno daeth neges gan y tîm rheoli yn dweud bod y sesiwn bondio wedi ca'l ei chanslo. Mae'n debyg fod y tywydd y diwrnod wedyn yn mynd i fod yn rhy arw ar gyfer hwylio. Felly fe awgrymon nhw y basen ni falle'n lico cynnal sesiwn bondio o fath gwahanol, yn y bar! Yn wir fe ddaeth yr ychydig oriau hwyliog hynny yn y bar â ni hyd yn oed yn agosach at ein gilydd. Mewn gwirionedd, dodd dim angen gwneud trefniade ffurfiol i greu'r 'bondio' ar gyfer ein carfan ni. Rodd perthynas arbennig wedi datblygu rhwng y chwaraewyr drwy ymarfer a chymdeithasu gyda'n gilydd yn y gwesty.

Rodd rhai aelodau o'r garfan wedi dechre sefyll mas – cymeriade fel Andy Powell. Y fe, yn sicr, odd y cymeriad mwya ffraeth yn ein plith ni. Yn ystod yr wythnos yn Pennyhill fe fues i'n rhannu ystafell gyda Riki Flutey, sydd o dras Maori ond yn chware i Loegr erbyn hyn. Mae e'n fachgen dymunol dros ben ac fe ddethon ni'n ffrindie mawr. Erbyn hyn mae e'n byw yn Ffrainc ac yn chware i dîm Brive ond rwy'n dal i gadw cysylltiad agos ag e. Fe fues i'n rhannu ystafell ar y daith gydag Ugo Monye hefyd, un arall o gymeriade'r garfan. Mae e'n Gristion mawr ond yn hoff iawn o chware jôc ar hwn a'r llall ac o gael tipyn o hwyl. Un arall y des i'n ffrindie ag e odd y Gwyddel Luke Fitzgerald. Mae e'n gredwr cryf mewn siarad yr Wyddeleg bob cyfle gaiff e

a hynny'n gyhoeddus. Trwy gyfrwng yr e-bost
neu'r ffôn boced, rwy'n dal i gysylltu'n rheolaidd
â'r bechgyn hyn. Hefyd dw i wedi cadw cysylltiad
ag ambell i un arall yn y garfan.

Dyna un o fanteision mynd ar daith gyda'r
Llewod. Wrth gyd-fyw a brwydro gyda'n gilydd
ar y cae rygbi dros nifer o wythnose fe ddaethon
ni'n ffrindie da. Ar ben hynny, i berson ifanc
ac eitha dibrofiad fel y fi, rodd ca'l ymarfer,
cymdeithasu, a rhannu ystafell hyd yn oed, gyda
phobl fel Brian O'Driscoll yn brofiad ffantastig.
Ro'n i'n methu credu'r peth! Rodd pob un
ohonon ni'n rhannu stafell â rhywun newydd
bob tro y bydden ni'n newid gwesty. Y person
gafodd y gwaith o drefnu hyn odd Nathan
Hines, yr ail reng o'r Alban. Wrth i ni deithio
ar y bws bydde fe'n rhoi enwe'r bois mewn het
ac yn tynnu dau enw mas ar y tro. Yr unig reol
odd na châi dau berson rannu stafell gyda'i
gilydd am yr eilwaith. Rodd clywed Nathan yn
cyhoeddi pwy fydde'n rhannu yn gyfle gwych i
rai o'r 'jocyrs' yn y garfan, wrth gwrs. Fe fydden
nhw'n gweiddi pob math o sylwadau ffraeth
– y rhan fwya ohonyn nhw'n rhy anweddus i'w
hailadrodd!

Tra o'n ni yn Pennyhill fe gafodd aelode erill
o'r garfan eu dewis i wneud tasgau arbennig
yn ystod y daith. Alun Wyn Jones gafodd y
gwaith o osod cosb ariannol ar y bois fydde'n

torri'r rheolau. Rodd hyn yn gwneud synnwyr, wrth gwrs, gan ei fod e'n paratoi ar gyfer bod yn gyfreithiwr! Bydde cosb am wisgo'r dillad anghywir ar gyfer ymarfer neu ar gyfer rhyw achlysur mwy ffurfiol. Cosb hefyd am fod yn hwyr (fel ro'n i unwaith neu ddwy!), cosb am adael i ffôn boced ganu mewn cyfarfod, a chosb am fethu mynd am sesiwn gyda'r physio. Rodd yn rhaid talu dirwy o ryw 500 rand, sef tua £40, am bob un o'r rhain! Ond, ar ddiwedd y daith, fe gafodd yr arian ei roi i elusennau arbennig yn Ne Affrica.

Ond dodd dim *rhaid* talu'r ddirwy'n syth achos rodd hawl gan y sawl odd yn euog i ddewis rholio dis yn lle hynny. Pe bydde'r dis yn glanio ar rif 1 ni fydde'n rhaid i'r chwarewr dalu o gwbl. Rhif 2 – bydde'n rhaid iddo wacso'i goese. Rhif 3 – bydde'n rhaid tyfu mwstas am bythefnos a thalu hanner y ddirwy. Rhif 4 – bydde'r troseddwr yn derbyn 300 rand o gredit. Rhif 5 – yn golygu y bydde'n rhaid iddo chwistrellu ei gorff i gyd â lliw haul ffug – fel rodd ambell aelod o'r garfan yn hoff o neud beth bynnag! Pe bydde'r dis yn glanio ar rif 6 bydde'n rhaid talu dwbl y ddirwy wreiddiol!

Yn naturiol pan fydden ni'n aros mewn gwahanol fannau ar y daith, fe fydden ni eisie gwybod rhywbeth am y llefydd hynny. Felly fe gafodd Ugo Monye ei ethol yn Swyddog Hysbysrwydd a rhan o'i waith e odd gwneud ychydig o ymchwil am y mannau y bydden ni'n ymweld â nhw. Wedyn fe fydde'n cyflwyno'r wybodaeth honno i'r bechgyn erill, fel arfer o du blaen y bws, cyn i ni gyrradd yno.

Un peth sy'n gyffredin i Riki Flutey a fi yw ein bod ni'n lico chware'r gitâr. Yn wir, mas yn Ne Affrica fe geson ni ganiatâd i brynu gitâr rhyngon ni o gronfa arbennig odd ar ga'l ar gyfer y bois. Canu i gyfeiliant y gitâr sy'n rhoi fwya o bleser i Riki tra rwy i'n hoff o ganu'r gitâr fel offeryn. Byth ers i fi ga'l un yn anrheg gan Mam ar fy mhen-blwydd yn 17 oed dw i 'di bod yn dysgu fy hun i chware. Fe ges i gyfle hyd yn oed i ddysgu ychydig o gordiau i rai o'r bechgyn erill yn ystod y daith.

Dyna paham falle y cafodd Riki a fi ein dewis i fod yn gyfrifol am gerddoriaeth y daith, gogyfer â theithio ar y bws a'r llefydd hynny pan fydde'r tîm yn dod at ei gilydd. Wrth gwrs, rodd hi'n anodd plesio pawb ac weithie fe geson ni ddirwy am ddewis cerddoriaeth warthus! Dro arall fe fu'n rhaid diodde sylwadau miniog y garfan gan nad o'n nhw'n lico'n dewis ni! Fe ddethon ni i ddysgu'n fuan iawn fod angen cerddoriaeth eitha bywiog, cyffrous ar y bws wrth inni deithio i ymarfer. Yna, ar y ffordd yn ôl i'r gwesty, ar ôl sesiwn galed, rodd cerddoriaeth dawel fel arfer yn plesio. Ond weithie, gwaetha'r modd, fe fydden ni'n drysu ac yn chware'r gerddoriaeth anghywir wrth fynd a dod!

Tasg bwysig arall ar y bws odd dweud jôc bob dydd wrthon ni. Wel, dwy jôc a dweud y gwir, achos fe gafodd Luke Fitzgerald ac Euan Murray y gwaith o ddiddanu'r bechgyn yn y ffordd yma. Fe fu'n rhaid i Euan, yn anffodus, adael y daith yn fuan oherwydd anaf ond rodd e a Luke yn wych fel 'jocyrs'. Ac rodd Andy Powell bob amser yn barod i gyfrannu yn ei ffordd ei hun!

Gwaetha'r modd, fe fu'n rhaid i sawl un fynd gartre'n gynt na'r disgwyl. Yn wir ro'n i'n teimlo'n flin iawn dros ddau o fois Cymru, Leigh Halfpenny a Ryan Jones. Taith fer iawn gafodd y ddau ohonyn nhw. Y peth cynta ddigwyddodd i Ryan, wedi iddo gael ei alw aton ni ac yntau ar daith tîm Cymru yn yr Unol Daleithiau, odd gorfod talu dirwy o 500 rand. Y rheswm am hynny odd ei fod e wedi cyrradd De Affrica yn hwyr! Yna, o fewn 24 awr, fe fu'n rhaid iddo ddychwelyd gartre. Rodd y tîm meddygol o'r farn nad odd e ddim wedi gwella o'r ergyd gafodd e i'w ben wrth chware yn yr Unol Daleithiau ychydig ddyddie ynghynt. A chafodd e ddim ei arian 'nôl chwaith!

YN BAROD I FYND

UN PETH WNATH FY nharo i, o'r dechre yn Pennyhill, odd pa mor fanwl a pha mor effeithiol odd yr holl drefniadau ar ein cyfer ni. Rodd hyn yn arbennig o wir hefyd mas yn Ne Affrica. Yno, rodd 'da ni ein 'chef' arbennig ein hunain, Dave Campbell. Fe fuodd e gyda ni o'r diwrnod cynta dethon ni at ein gilydd tan y diwedd un. Fe fydde fe'n paratoi bwyd blasus o'r safon ucha bob amser. Yn ogystal â'r prydau arferol, fe fydde fe hyd yn oed yn mynd i'r drafferth i goginio danteithion bach ychwanegol – rodd ei fisgedi siocled e'n boblogaidd iawn gan y bechgyn i gyd. Ond fe ddylwn i ddweud bod Dave bob amser yn trafod gyda'n dietegydd ni wrth baratoi'r bwyd. Gwaith hwnnw odd gwneud yn siŵr bod yr hyn ro'n ni'n ei fwyta yn dda i ni. Rodd e hefyd yn gorfod gwneud yn siŵr fod y bwyd yn paratoi ein cyrff yn y ffordd iawn ar gyfer yr holl waith corfforol ro'n ni'n gorfod ei wneud.

Cafodd Ian McGeechan ei ddewis yn Brif Hyfforddwr bedwar mis ar ddeg cyn dechre'r daith ac rodd e wedi defnyddio'r cyfnod hwnnw i baratoi'n fanwl. Felly, fe fuodd e mas dair gwaith i Dde Affrica cyn i'r Llewod gyrraedd yno. Y tro cynta, fe aeth e i fwrw golwg dros adnoddau'r gwestai, y cyfleusterau ymarfer a'r trefniadau teithio a chware mewn gwahanol rannau o'r wlad. Yr ail waith fe fu e'n edrych ar safon y chware yno ac ar ei drydydd ymweliad aeth â rhai o aelode allweddol y tîm rheoli gydag e. Felly, rai misoedd cyn i ni'r chwaraewyr fynd yno, rodd y tîm rheoli'n gwybod ble a phryd y bydden ni'n ymarfer bob dydd. Ro'n nhw hyd yn oed yn gwybod ble'n union rodd yr ysbytai ym mhob lle y bydden ni'n chware. Wrth gwrs fe dalodd yr holl gynllunio manwl hyn ar ei ganfed, gan i'r daith fod yn un hapus a llwyddiannus dros ben.

Rodd Gerald wedi pwysleisio y bydden ni'n rhyw fath o lysgenhadon, yn ambasadors ar ran Prydain tra bydden ni yn Ne Affrica. Fe gawson ni glywed bod gan y wlad nifer o brobleme o ran cyfraith a threfn. Oherwydd hynny daeth rhywun i siarad â ni a phwysleisio pa mor bwysig odd gofalu am ein diogelwch bob amser. Yn wir, tra o'n ni yno, pryd bynnag y bydden ni'r chwaraewyr am adael y gwesty fe fydde 'na geir i fynd â ni. Hefyd fe fydde swyddogion diogelwch yn dod gyda ni i edrych ar ein hole.

Rodd y trefnide hyn, rwy'n meddwl, yn rhan o bolisi'r awdurdodau er mwyn sicrhau na fydde'r wlad yn ca'l enw drwg a hithe'n mynd i gynnal Cwpan Pêl-droed y Byd yn 2010. Felly, rodd tipyn o arian wedi ca'l ei hala i wneud yn siŵr fod y meysydd pêl-droed yn rhai safonol. O ganlyniad fe gawson ni fanteisio ar hynny gan i ni chware rhai o'n gême mewn ambell stadiwm odd yn barod i groesawu Cwpan Pêl-droed y Byd.

Cyn gadel Prydain fe gawson ni ginio ffarwél yn y Natural History Museum yn Llundain. Fe wnaeth y lle argraff fawr ar bawb. Wrth i ni gerdded i lawr y grisiau crand fe gawson ni'r chwaraewyr ein cyflwyno'n unigol i nifer dethol o westeion. Ro'n nhw i gyd yn sefyll yn y cyntedd hynod hwn, lle rodd sgerbwd deinosor anferth yn cadw llygad ar bawb. Yna fe gafwyd sesiwn holi ac ateb hwyliog iawn cyn inni fwynhau pryd blasus o fwyd.

Dyna'r tro cynta i ni'r chwaraewyr wisgo ein gwisg swyddogol ffurfiol, sef siaced, crys, tei, a throwsus, ac ma'n rhaid dweud ein bod ni'n teimlo ac yn edrych yn smart iawn. Ychydig wythnose cyn i'r garfan ga'l ei dewis fe ofynnwyd i bob chwarewr ryngwladol am ei fesuriade personol. O ganlyniad, pan gyrhaeddodd y garfan Pennyhill rodd set gyflawn o ddillad ar gyfer y daith yn ein disgwyl. Fe ges i'n synnu bod cymaint o eiteme ar ein cyfer ni. Yn y pecynnau rodd dillad ffurfiol, dillad ymarfer, dillad ymlacio, sane, trôns, bagie molchi ac yn y blân. Rodd tri llond bag i gyd ond ar ôl derbyn cyngor gan ambell i deithiwr profiadol yn ein plith fe benderfynes i hala sawl dilledyn gartre yn hytrach na'u cario i Dde Affrica.

Ro'n ni'n teithio o Pennyhill i Heathrow, ac yna i Johannesburg. Rodd e'n brofiad rhyfedd bod bant o gartre cyn cychwyn ar daith eitha hir. Ond ychydig ddyddie cyn i ni hedfan fe gafodd teuluoedd a chariadon y chwaraewyr gyfle i ddod i'r gwesty er mwyn cael treulio ychydig o amser gyda'i gilydd. O'm rhan i, ro'n i wedi ffarwelio â phawb gartre yr wythnos gynt!

Rodd y daith i Johannesburg yn gyfforddus iawn. Gan ein bod ni'n teithio yn y Dosbarth Busnes rodd digon o le i orwedd, felly fe gysges i'n braf am rai orie! Ro'n i wedi penderfynu o'r cychwyn mod i'n mynd i fwynhau pob dim, hyd yn oed y daith yno.

Ar gyfer y gêm gynta rodd y tîm wedi'i gyhoeddi cyn i ni adel. Gan fy mod i wedi ca'l fy newis i chware yn y gêm honno yn erbyn y Royal XV ro'n i wrth fy modd. Rodd cyfle 'da fi, felly, i neud fy marc yn gynnar yn y daith, ac ro'n i'n ysu am ga'l rhedeg mas ar y cae yn gwisgo crys y Llewod. Fe ddechreuson ni ymarfer y bore cynta ro'n ni yn Ne Affrica gan fod y gêm gynta honno'n mynd i ga'l ei chware ymhen rhyw bum diwrnod. Bydden ni bob amser yn ymarfer ar gae lle rodd *gym* yn agos iddo. Felly, galle'r olwyr ymarfer ar y cae tra bod y blaenwyr yn gwneud ymarferion codi pwysau yn y *gym*. Yna, mater bach fydde ca'l y ddwy garfan i newid lle â'i gilydd ar ôl ychydig.

Wedyn bydde pawb yn dod at ei gilydd i weithio ar dactegau. Fel arfer y peth cynta fydden ni'n ei wneud fydde eistedd i lawr ar y cae i edrych ar dapiau fideo ar sgrin fawr. Bydde hynny'n rhoi cyfle i ni ga'l gweld beth fydde prif sylw'r ymarfer yn ystod yr wythnos arbennig honno. Bydde hyn hefyd yn gadel inni gael golwg fanwl ar y chwaraewyr fydde yn ein herbyn ni yn y gêm nesa.

Ond dodd y dadansoddi ddim yn gorffen yn y fan honno. Rodd gliniadur gan bob chwarewr. Felly, 'nôl yn y gwesty rodd disgwyl i ni astudio tapiau o'r patrymau ro'n ni wedi bod yn eu hymarfer. Ar ben hynny fe fydden ni'n ca'l sesiynau cyson gyda'r hyfforddwyr o gwmpas y bwrdd yn trafod y tactegau. Ond rodd y tîm hyfforddi'n sylweddoli hefyd ei bod hi'n bwysig amrywio patrwm yr ymarfer bob wythnos. Fe fydden nhw'n gwneud yn siŵr nad odd y sesiynau

byth yn undonog nac yn rhy debyg i'w gilydd.
Y nod odd ca'l y chwaraewyr i ddechre pob gêm
yn teimlo'n ffres ac yn hollol barod i wynebu'r
gelyn! Yn sicr dyna shwd ro'n i'n teimlo cyn y
gêm gynta honno yn erbyn y Royal XV!

GWNEUD MARC

RODD Y GÊM GYNTA honno'n un rhyfedd mewn sawl ffordd. Yn gynta, ro'n ni'n chware yn stadiwm y Royal Bafokeng Palace, yn Rustenburg, yng ngogledd orllewin y wlad. Mae pobl yr ardal o dras Afrikaans ac yn yr ardal honno mae Mafeking, safle brwydr enwog yn ystod Rhyfeloedd y Boer. Cafodd y stadiwm ei hadeiladu'n arbennig ar gyfer Cwpan Pêl-droed y Byd yn 2010. Rodd hi'n dal 42,000 o bobl, ond dim ond rhyw 12,000 odd yn gwylio gêm y Llewod. Y rheswm am hynny odd bod y tîm lleol, y Bulls, yn chware yn erbyn y Chiefs yn rownd derfynol cystadleuaeth y Super 14, yn Pretoria, yr un diwrnod. Rodd y rhan fwyaf o gefnogwyr y Royals wedi mynd i weld y gêm honno. Felly dodd yr holl sedde gwag yn y stadiwm yn fawr o help i greu awyrgylch arbennig yno.

Yn ail, mae Rustenburg tua 6,000 troedfedd yn uwch na lefel y môr. Wrth gwrs, ro'n ni wedi ymarfer tipyn ar gyfer chware ar dir uchel. Ond mae 'na wahaniaeth mawr rhwng sesiynau ymarfer a gêm. Mae chware gêm ar uchder yn llawer mwy caled ar y corff ac yn enwedig ar y sgyfaint. Er i lawer o'r bechgyn gwyno am hynny ar ddiwedd y gêm, dodd e ddim yn esgus dros ein perfformiad siomedig ni. Cwyn arall gan y bechgyn yn ystod yr ymweliad â Rustenburg odd y pryfed yno. Bu'n rhaid i tua 20 o'r garfan ga'l triniaeth ar ôl ca'l eu pigo!

Fe fydda i wrth fy modd yn derbyn negeseuon yn dymuno'n dda i fi cyn chware mewn gême pwysig fel hyn ac ro'n i wedi ca'l nifer fawr y tro yma hefyd. Rodd hynny o help i neud y diwrnod yn un sbesial iawn ac ro'n i'n teimlo mor falch wrth redeg ar y cae yn gwisgo crys y Llewod am y tro cynta. Odd, rodd e'n brofiad ffantastig. Yn naturiol, ro'n i'n nerfus iawn ond rwy'n digwydd credu nad oes llawer o bwynt mewn chware ar y lefel ucha heb deimlo'n nerfus. I fi mae e'n arwydd fod rhywun yn gwerthfawrogi pa mor bwysig yw'r achlysur. O ganlyniad, mae gennych chi fwy o gyfle i berfformio ar eich gore.

Ro'n i wedi ca'l fy newis i chware fel canolwr. Yn wir, fe ges i wybod cyn gadel Prydain taw yn y canol y byddwn i'n chware yn Ne Affrica. Y canolwr arall yn y gêm gynta honno odd Keith Earles o Iwerddon, sydd tua'r un oedran â fi ac rodd gan y ddau ohonon ni tua'r un faint o brofiad. Er fy mod i'n eitha ples gyda 'mherfformiad fe nethon ni, fel tîm, bethe'n anodd iawn i ni ein hunen. Yn wir, gyda dim ond rhyw chwarter awr i fynd, ro'n ni'n colli o 25 pwynt i 13 ac ro'n i'n poeni ein bod ni'n mynd i gael dechre diflas iawn i'r daith. Yna fe gafodd Lee Byrne gais gwych a agorodd y drws i ni sgorio 19 pwynt arall.

Digon beirniadol odd y wasg yn Ne Affrica o'n perfformiad ni. Ro'n ni'n gwbod bod tipyn o waith gwella ar ein chware ond y peth pwysig i'r garfan odd ein bod ni heb golli'r gêm gynta honno. Bydde hynny wedi bod yn ergyd seicolegol drom i weddill y daith. Ro'n i'n hyderus y basen ni'n gallu rhwygo timau erill yn ddarnau. Ond bydde'n rhaid i ni gadw at y patrwm chware ro'n ni wedi'i baratoi, Yn ein barn ni, rodd hi'n annheg disgwyl i ni glicio yn ein gêm gynta, a falle sgorio hanner cant o bwyntie. Ond dyna ddigwyddodd yn yr ail gêm yn erbyn y Golden Lions, yn Ellis Park, Johannesburg, ychydig ddyddie wedyn!

Fe fues i'n ddigon ffodus i gael fy newis ar gyfer y gêm honno hefyd. Y tro hwn fy mhartner i yn y canol odd Brian O'Driscoll. Rodd yn anodd credu'r peth! Ro'n i, a minne ar ddechre fy ail flwyddyn yn chware yn y canol ar y lefel ucha, yn chware i'r Llewod wrth ochr un o ganolwyr gore'r byd. Ar ben hynny rodd e wedi bod yn un o'n arwyr i ers blynyddoedd maith! Rodd y sesiynau ymarfer, yn arwain at y gêm honno yn erbyn y Golden Lions, yn ddechrau ar bartneriaeth lwyddiannus iawn. Fe gliciodd pethe o'r cychwyn ond yn fwy na hynny rodd cymaint fel petai'n digwydd yn naturiol rhyngon ni. Rodd hyn efalle yn ganlyniad i'r ffaith fod Brian yn gyfathrebwr mor dda ar y cae, odd yn bwysig iawn i chwarewr ifanc fel fi. Ar ben hynny rodd e'n berson mor ddymunol ac fe ges i'r pleser o rannu stafell gydag e am gyfnod yn ystod y daith.

Yn ystod y diwrnod yn arwain at y gêm yn erbyn y Golden Lions, odd yn dechrau am chwech o'r gloch y nos, fe fues i'n ymlacio tipyn, yn ôl fy arfer. Fe fues i'n gwrando ar gerddoriaeth, yn edrych ar ffilm ac yn cael ambell i baned o de gyda'r bechgyn. Fydda i byth yn lico bwyta unrhyw beth yn rhy agos at y gic gynta. Os bydd gêm yn cael ei chynnal yn y prynhawn, fe fydda i'n lico ca'l brecwast cynnar ac yna'n peidio â bwyta tan ar ôl y gêm. Pan fyddwn ni'n chware gyda'r nos, yna fe ga i ginio ganol dydd, a dim byd wedyn.

Yn y bws ar y ffordd i'r stadiwm fe fydda i bob amser yn gwrando ar y Verve yn canu 'Lucky Man' ar fy iPod. Mae hi'n gân sy bob amser yn gwneud i fi werthfawrogi pa mor lwcus ydw i wedi bod yn fy mywyd, yn enwedig o ran fy ngyrfa rygbi i. Ma 'da fi ddau arferiad bach arall hefyd. Fydda i byth yn glanhau fy sgidie rygbi o'r naill gêm i'r llall, sdim ots pa mor frwnt ydyn nhw! Ar ôl pob gêm fe fydda i'n eu rhoi nhw 'nôl yn y bag fel maen nhw, yn barod ar gyfer y gêm nesa! A wna i ddim gadel i unrhyw un arall eu glanhau nhw drosta i chwaith! Yna, wrth adel yr ystafell newid a rhedeg mas i'r cae rwy'n lico bod yn ail, sef yn y safle tu cefn i'r capten, gan mai fe sy bob amser yn gynta, wrth gwrs. Wn i ddim pam, ond dyna'r drefn bydda i'n trio'i dilyn ym mhob gêm.

Yn erbyn y Golden Lions fe lwyddon ni i ddilyn y patrwm ro'n ni wedi'i baratoi. Fe chwaraeon ni rygbi pert gan gadw'r bêl yn y dwylo. Fe symudon ni'r bêl lawr y canol weithie, dro arall fe fuon ni'n ymosod ar yr asgell. Ro'n ni wedi bod yn gweithio dipyn ar ein llinelle rhedeg ac fe dalodd hynny ar ei ganfed wrth i ni sgorio deg cais, gan ennill y gêm o 74 pwynt i 10. Yn naturiol fe enjoies i'r profiad gan deimlo mod i wedi elwa'n fawr o gael Stephen Jones y tu mewn i fi a Brian O' Driscoll ar y tu fas. Rodd hi'n braf hefyd ca'l croesi am fy nghais cynta yng nghrys y Llewod, ar ôl dim ond chwe munud o'r gêm. Ro'n i ychydig bach yn siomedig pan ges i fy nhynnu oddi ar y cae yn gynnar yn yr ail hanner. Eto ro'n i'n deall bod angen rhoi cyfle i rai o'r bois erill. Ond fe ges i rywfaint o bleser o feddwl falle fod yr hyfforddwyr wedi fy eilyddio i achos eu bod nhw'n hapus â'r hyn a wnes i yn yr hanner cynta.

Ma'n debyg fy mod i wedi neud argraff ar rywun arall hefyd achos fe ges i fy newis yn Chwaraewr Gorau'r Gêm. Er hynny, a ninne wedi chware mor dda, dw i'n siŵr y gallai nifer o fois eraill fod wedi ennill y teitl arbennig hwnnw. Mae'r wobr ges i, sef krugerrand, am y gamp arbennig honno, erbyn hyn yn eistedd yn dwt ar y silff ben tân yn y tŷ 'cw!

PENNOD 6

AR DROTHWY'R
PRAWF CYNTAF

YN NATURIOL, FALLE, AR ôl chware yn y ddwy gêm gynta, ches i mo 'newis ar gyfer y gêm nesa yn erbyn y Free State Cheetahs, ym Mharc Vodacom yn Bloemfontein. Ro'n ni wedi cael gwybod cyn gadel am Dde Affrica fod yr hyfforddwyr am roi gêm i bob aelod o'r garfan yn gynnar ar y daith. Bydde gan bob chwarewr gyfle i greu argraff ar y dewiswyr yn y gême taleithiol. Dodd hi ddim ond yn deg bod pawb yn ca'l cyfle i chware yn y gême hynny cyn y Prawf Cynta. Rheswm arall dros beidio â 'newis i ar gyfer y drydedd gêm odd y bydde hi bron yn amhosib i'r corff allu chware tair gêm mewn wythnos ar y lefel yna. Rodd y chware'n llawer rhy galed i ganiatáu i hynny ddigwydd.

Fe enillodd y Llewod o 26 i 24 yn erbyn y Cheetahs, ond o gofio eu bod nhw ar y blân o 20 i 0 ar un adeg, fe wnaethon nhw waith caled ohoni. Yn wir, bu bron i'r Cheetahs ennill y gêm gyda gôl adlam yn y munud olaf. Ro'n nhw eisoes wedi sgorio tri chais o'i gymharu â dau gan y Llewod. Rodd y bechgyn yn siomedig iawn â'r perfformiad, yn enwedig o ran ein chware yn ardal y dacl. Yn hynny o beth fe ildion ni'r meddiant tua 19 o weithie. Erbyn diwedd y gêm rodd 'na dipyn o gnoi ewinedd ymhlith y Llewod odd yn yr eisteddle. Rwy i'n un gwael iawn am eistedd i edrych ar gyd-chwaraewyr wrthi ar y cae. Nid am fy mod i'n meddwl y gallwn i wneud yn well. Yn hytrach fe fydda i bob amser yn ysu am gael cymryd rhan mewn gêm – mae'n gymaint gwell na bod yn segur yn yr eisteddle. Ond rodd y profiad hyd yn oed yn waeth yn y gêm hon gan ein bod ni bron â'i cholli hi!

Mae llawer wedi ca'l ei ddweud a'i sgrifennu ynghylch agwedd hyfforddwyr De Affrica tuag at y gême taleithiol. Ro'n nhw wedi cyhoeddi'n glir nad o'n nhw'n barod i adel i'r chwaraewyr rodd yn eu carfan ar gyfer y gême prawf chware yn y gême taleithiol. Rodd hynny, yn ôl rhai, wedi cael effaith ar y dyrfa a ddaeth i weld y gême hynny. Rodd pobl erill yn dweud bod absenoldeb rhai o sêr y Springboks yn golygu nad odd y timau taleithiol wedi rhoi digon o her i'r Llewod. Ro'n nhw'n honni y bydde'r Llewod wedi perfformio'n well yn y gême prawf petaen nhw wedi ca'l gême caletach gan y taleithiau. Dw i ddim yn meddwl bod polisi dewiswyr De

Affrica wedi gneud gwahaniaeth o gwbl. At ei gilydd rodd y gême taleithiol wedi rhoi hen ddigon o sialens i ni beth bynnag.

Ar ben hynny rodd absenoldeb rhai o sêr De Affrica o'r timau taleithiol wedi rhoi cyfle i chwaraewyr erill greu argraff. Dyna yn wir ddigwyddodd yn achos Heinrich Brussow, blaenasgellwr y Cheetahs. Yn dilyn ei berfformiad ardderchog e yn ein herbyn ni yn Bloemfontein fe gafodd ei gynnwys yng ngharfan De Affrica. Yn wir, y fe odd un o sêr pac y Springboks ac fe chwareodd ym mhob un o'r tair gêm brawf.

Fe ges i fy newis i chware yn y canol yn y gêm nesa yn bartner am yr eildro i Brian O'Driscoll, a hynny yn erbyn Natal Sharks. O ganlyniad fe ddechreues i feddwl bod y dewiswyr falle yn ein hystyried ni o ddifri fel partneriaeth ar gyfer y Prawf Cyntaf. Unwaith eto fe aeth pethe'n dda iawn i ni ac fe enillon ni'n weddol rwydd o 39 i 3. Rodd y perfformiad yn gam positif ymlân o ran bod yn hollol barod i wynebu'r Springboks, ddeg diwrnod wedyn.

Erbyn hyn rodd y garfan yn teimlo'n reit hyderus. Hefyd, am y tro cynta ar y daith, yn y gêm yn erbyn Natal Sharks, nethon ni ddim ildio cais. Rodd hyn yn awgrymu bod yr holl ymarfer ro'n ni wedi'i neud ar amddiffyn yn talu ffordd. Ro'n i hefyd yn bles iawn â 'mherfformiad i fy hunan ond fe gododd un broblem fach. Fe fu'n rhaid i fi adel y cae ar ôl 63 munud oherwydd anaf. Rodd fy ysgwydd i wedi symud allan o'i soced ac yna 'nôl i mewn. Rodd hyn wedi digwydd i fi o'r blaen ac rodd yr un mor boenus y tro hwn hefyd. Yr ateb odd gorffwys yr ysgwydd a'i chadw hi rhag symud, gyda chymorth sling am gyfnod, yn y gobaith y bydde hi'n setlo ohoni ei hunan. A dyna ddigwyddodd.

Rwy'n gobitho, ymhen rhai blynyddoedd, arbenigo fel meddyg ar anafiade yn y byd chwaraeon. Oherwydd hynny fe fyddwn i, ar y daith, yn treulio peth amser yng nghwmni ein dau ffisiotherapydd a'n dau feddyg. Ro'n i am ddysgu mwy am yr anafiadau odd rhai o'r bechgyn wedi'u ca'l, felly fe fydden nhw'n mynd i'r drafferth o egluro natur ambell i anaf trwy ddangos lluniau pelydr X i mi. Fe fydden nhw hefyd yn trafod, weithie, y driniaeth ro'n nhw yn ei awgrymu ar gyfer y broblem dan sylw. Falle taw'r anaf mwya diddorol weles i odd yr un gafodd Gethin Jenkins i'w glun wrth drio dawnsio mewn clwb nos! Ond, wrth gwrs, yr anafiadau rodd 'da fi fwya o ddiddordeb ynddyn nhw odd y rhai ro'n i fy hunan wedi'u diodde!

Gyda dwy gêm i fynd cyn y Prawf Cynta fe

symudon ni lawr i Capetown, lle rodd y Llewod yn chware Western Province. Ro'n i wedi clywed na fydde Brian na fi'n chware yn y ddwy gêm nesa. Felly, yn dawel bach, ro'n i'n eitha gobeithiol y bydden ni'n dau yn chware yn y Prawf Cynta. Ond, wrth gwrs, rodd gan y bois erill gyfle i wneud argraff yn ystod y ddwy gêm honno. Yng nghwmni'r bechgyn odd ddim yn chware y prynhawn hwnnw, bues i'n gwylio'r gêm gynta, yn erbyn Western Province, ar faes Newlands, yn Capetown. Fel arfer ro'n i ar dân i weld y Llewod yn gwneud yn dda. Ond ma'n rhaid i fi gyfadde mod i, ar yr un pryd, yn gobeithio'n fawr na fydde un o'r bois yn gwneud yn ddigon da i gadw fi mas o'r tîm prawf!

Heblaw am Rio de Janeiro, falle, dw i ddim yn meddwl bod 'na le gwell yn y byd na Capetown. Yn gyntaf mae ei leoliad e, ar lan y môr ac wrth droed Table Mountain, yn arbennig iawn. Ro'n i wrth fy modd yno, yn enwedig yn yr ardal maen nhw'n ei alw yn Waterfront. Ma'r lliw a'r bwrlwm sy'n troi o gwmpas yr holl dai bwyta a'r bariau yfed sydd yno yn rhoi 'buzz' ffantastig i'r lle.

Eto, ar ddiwrnod y gêm yn erbyn Western Province rodd y tywydd yn ofnadwy. Rodd hi'n bwrw glaw yn drwm a'r gwynt yn chwythu'n gryf. Am unwaith, falle, rodd hi'n braf cael bod yn yr eisteddle'n gwylio'r chware, yn hytrach na bod ar y cae. Enillodd y Llewod o 26 i 23 ond fe gymerodd hi gic gosb wych o hanner ffordd gan James Hook yn y funud olaf i neud yn siŵr o'r fuddugoliaeth. Fe honnodd hyfforddwr Western Province ar ôl y gêm nad odd chware'r Llewod yn ddigon corfforol i gael y gore ar dîm y Springboks. Eto, uchafbwynt y gêm honno i fi odd tacl wych gan Andy Powell ar fachwr eu tîm nhw, wnath ei fwrw fe 'nôl rhyw fetr neu ddwy! Ond er taw crafu buddugoliaeth wnethon ni'r prynhawn hwnnw, rodd y ffaith ein bod ni wedi ennill, a'r Prawf mor agos, yn bwysig iawn i ysbryd y bois. Yn dilyn pob canlyniad llwyddiannus ro'n ni'n mynd yn fwy a mwy ffyddiog y gallen ni faeddu'r Springboks

Erbyn hyn, un gêm odd ar ôl cyn y Prawf cynta, a honno yn erbyn y Southern Kings yn Port Elisabeth, ar y prynhawn dydd Mawrth. Rodd y tîm ar gyfer y Prawf yn ca'l ei gyhoeddi'r diwrnod wedyn. Ond fe ethon ni, y bechgyn odd ddim yn y garfan ar gyfer y gêm daleithiol honno, yn syth i lawr i Durban. Dyna odd y tro cynta yn ystod y daith i'r garfan gael ei rhannu. Felly rodd lle i gredu bod y rhan fwya ohonon ni nad odd yn chware yn erbyn y Southern Kings yn mynd i ga'l ein dewis ar gyfer y Prawf. Cafodd y gêm honno yn Port Elisabeth ei chware mewn stadiwm newydd wych o'r enw Nelson Mandela Bay. Rodd y stadiwm bron yn llawn y diwrnod hwnnw, gyda thorf o tua 36,000 yn gwylio – y nifer fwya, tan hynny, i weld y Llewod yn chware ar y daith.

Rodd hi'n amlwg eu bod nhw am roi amser caled i'r Llewod o'r dechre. Yn ôl Ronan O'Gara, rodd mwy o chware brwnt a slei ganddyn nhw yn y gêm honno nag a fu yn yr holl gême eraill a chwaraeodd y Llewod. Gwaeth fyth, fe ddigwydde hynny fel arfer oddi ar y bêl. Y dyfarnwr odd Nigel Owens, o Gymru, un o'r dyfarnwyr gore yn y byd. Eto rodd tactege amheus y Southern Kings, yn amlach na pheidio, yn rhy gyfrwys hyd yn oed i Nigel, a'r tîm dyfarnu i allu sylwi arnyn nhw. Ond fe enillodd y Llewod o 20 i 8 ac fe wnath un neu ddau o'r tîm yn ddigon da i ga'l eu cynnwys yn y tîm ar gyfer y prawf.

Mae Durban hefyd yn lle bendigedig. Rodd 'da fi atgofion melys ohono o'r adeg pan fues i yno ychydig flynyddoedd cyn hynny gyda thîm Cymru Dan 19 yng nghystadleuaeth Cwpan y Byd. Ro'n i'n teimlo'n gartrefol iawn gan ein bod ni'r Llewod yn aros yn yr un gwesty ag y gwnes i'r adeg honno. Rodd e mewn lle arbennig ar lan y môr, traeth bendigedig o'i flaen a thonnau'n torri'n gyffrous arno. Ond ychydig iawn o amser

41

gawson ni i fwynhau'r traeth cyn y Prawf holl bwysig. Roedd yn rhaid i ni rannu'n hamser fel arfer rhwng sesiynau ymarfer, cyfarfodydd tactegol a gwely!

PENNOD 7

YN Y TÎM!

Cafodd y tîm ar gyfer y Prawf Cynta ei gyhoeddi gan Ian McGeechan ar y nos Fercher wedi'r gêm yn erbyn Southern Kings. Dodd dim llawer o bwynt ca'l ymarfer y diwrnod hwnnw gan fod meddyliau'r rhan fwya ohonon ni bron yn llwyr ar y cyhoeddiad hollbwysig odd i ddod yn hwyrach. Mae'n debyg nad odd y gwaith o ddewis y tîm wedi bod yn dasg hawdd. Yn ôl y sôn, fe gymerodd hi bron i ddwy awr a hanner i'r dewiswyr gytuno ar enwau'r pymtheg fydde'n chware dros y Llewod, a'r saith fydde ar y fainc. Yn naturiol, ro'n i wrth fy modd pan glywes y byddwn i'n chware yn safle rhif 12. Anodd i fi odd credu mod i'n mynd i chware mewn gêm mor fawr a finne ond yn 22 oed. Rhaid cofio bod llawer o chwaraewyr yn y gorffennol wedi cyrradd y garreg filltir hon, ond pan oedden nhw dipyn yn hŷn na fi!

Yn syth ar ôl y cyfarfod fe gysylltes i â Dad, David a nifer o ffrindie gartre er mwyn rhoi'r newyddion iddyn nhw. Hefyd, fe ges i nifer fawr o negeseuon yn dymuno'n dda i fi. Fe fuodd y chwaraewyr nad odd yn ddigon lwcus i ga'l eu dewis, yn barod iawn i longyfarch y gweddill ohonon ni. Rodd hyn yn crynhoi i'r dim yr ysbryd arbennig, a'r cyfeillgarwch didwyll odd yn bodoli ymhlith y bechgyn. Fel arwydd pellach o hynny fe ethon ni i gyd mas i dŷ bwyta ar bwys y gwesty yn ddiweddarach y nosweth 'ny i ddathlu'r newyddion da rodd rhai ohonon ni wedi'i ga'l. Yn yr un modd fe fuodd y rhai llwyddiannus yn cydymdeimlo â'r rhai nad odd wedi'u dewis yn y tîm.

Er mor galed fu ein sesiyne ymarfer ni tan hynny fe fuon ni'n gweithio'n galetach fyth yn y dyddie cyn y Prawf. Rodd Brian O'Driscoll, unwaith eto, wedi'i ddewis i chware yn y canol gyda fi. Felly, yn y dyddie nesa fe fuon ni'n dadansoddi ar y cyfrifiadur y math o chwaraewyr odd gan y Springboks. Os o'n i eisie gwybod unrhyw beth am unrhyw chwarewr yng ngharfan De Affrica neu am agweddau arbennig ar chware'r tîm, rodd y wybodaeth ar ga'l i ni ar y cyfrifiadur. Rodd y ddau ddadansoddwr ardderchog odd 'da ni ar y daith, Rhys Long a Rhodri Bown, wedi paratoi darlun manwl ar ein cyfer ni. Hefyd rodd Shaun Edwards, yr hyfforddwr amddiffyn, wedi gofyn i fi, Brian a Stephen Jones, odd wedi'i ddewis yn faswr, gydweithio. Y cynllun odd bod y tri ohonon ni'n perfformio fel uned ar y cae. Yn sicr fe dalodd hynny ar ei ganfed yn ystod y gêm.

Rodd pobl De Affrica wedi bod yn disgwyl am ddeuddeng mlynedd i dalu'r pwyth yn ôl i'r Llewod am faeddu'r Springboks yn 1997. Felly rodd y papurau newydd wedi bod yn rhoi sylw mawr i'r gêm ers dyddie. Ro'n ni fel tîm hefyd, erbyn hyn, ar dân i ddod wyneb yn wyneb â thîm De Affrica ac yn barod amdanyn nhw. Er hynny ro'n ni wedi ca'l ein rhybuddio gan Ian McGeechan na alle dim byd ein paratoi ni ar gyfer yr achlysur. Bydde'r profiad, medde fe, yn un cwbl unigryw. O'm rhan i ro'n i'n gallu paratoi at y gêm heb deimlo bod rhyw bwyse mawr arna i. Ro'n i wedi dod i Dde Affrica heb i fi fod yn disgwyl gormod. Y cyfan ro'n i am ei neud odd mwynhau'r profiad. Mae'n rhaid i mi gyfadde bod ca'l bod yn rhan o fwrlwm y Prawf Cynta wedi bod yn rhan bwysig o'r mwynhad hwnnw.

Ar fore'r gêm fe gawson ni gyfarfod er mwyn rhoi cyfle i'r hyfforddwyr gerdded drwy rai symudiade gyda ni. Yna fe ethon ni am dro i faes parcio gerllaw'r gwesty er mwyn mynd drwy rai o'n patryme amddiffyn. Mae'n draddodiad gan y Llewod i ga'l rhywun enwog i gyflwyno'r cryse i'r chwaraewyr cyn y gême prawf. Y noswaeth gynt ro'n i wedi bod yn ceisio dyfalu gyda Ugo Monye pwy, o bosibl, rodd y swyddogion wedi'i ddewis i neud hynny. Fe awgrymes i y bydden nhw'n siŵr o ofyn i rywun fel Willie John McBryde. Eto, fe ges i gythrel o sioc y bore wedyn pan gerddodd y cawr ei hun i mewn i ystafell y tîm yn y gwesty i gyflawni'r gwaith hwnnw.

Rodd hynny'n dipyn o anrhydedd i ni i gyd ac i fi yn foment sbesial dros ben. Fe gawson ni hefyd araith drydanol ganddo. Fe bwysodd arnon ni i gofio cyment o fraint odd cael gwisgo crys y Llewod, yn enwedig mewn gêm brawf. Rodd yn rhaid i ni sylweddoli, meddai, pa mor bwysig odd hi ein bod ni'n gallu dod oddi ar y cae ar ddiwedd y gêm yn teimlo'n fodlon i ni wneud ein gore. Ein bod yn gallu edrych i fyw llygaid ein cyd-chwaraewyr a dweud na fasen ni ddim wedi gallu rhoi dim gronyn mwy o ymdrech. Pe bydden ni'n gallu gneud hynny, medde fe, fydde dim hawl gan neb i ddisgwyl rhagor oddi wrthyn ni. Hefyd rodd yn rhaid i ni gofio, medde fe, taw holl bwrpas dod i Dde Affrica odd i ennill y gême prawf.

Rodd lefel yr adrenalin yn yr ystafell newid cyn y gêm dipyn yn uwch nag yn y gême cynt. Eto, ro'n i'n eitha tawel fy meddwl, ar ôl gwrando, yn ôl fy arfer, ar 'Lucky Man'. Ond fel rodd amser y gic gynta'n nesáu, rodd y nerfau'n dechrau gafel yno i. Fe gawson ni araith gyffrous arall gan Ian McGeechan cyn mynd mas ar y cae. Fe bwysleisiodd y bydde'r cyfnodau o wrthdaro rhwng y ddau dîm dros y bêl yn hollbwysig. Rodd yn rhaid inni ennill y frwydr arbennig honno, meddai. Wrth gwrs, ychydig a wydden ni ar y pryd taw'r sgrym odd yn mynd i ga'l y dylanwad mwya ar y gêm.

Ar ôl dymuno'n dda i'n gilydd, rodd hi'n bryd gadel yr ystafell newid. Mae un ochr i stadiwm Kings Park yn uchel dros ben ac wrth redeg mas i'r cae fe fu bron i'r olygfa fynd â 'ngwynt i. Y cyfan welwn i o 'mlân i odd môr o goch. Rodd cefnogwyr y Llewod yno yn eu miloedd ac rodd y profiad bron â bod fel rhedeg mas ar gae Stadiwm y Mileniwm. Mewn gwirionedd fe fase hi wedi bod yn ddigon hawdd gadel i'r holl emosiwn odd ynghlwm â'r gêm ga'l y gore arna i. Ond fe ddysges i un peth pwysig y diwrnod hwnnw, sydd yn wir am bob gêm ryngwladol. Rodd gofyn i fi anghofio pa mor bwysig odd yr achlysur, hwyl y dorf, a'r wefr ro'n i'n ei theimlo o fod ar y cae. Rodd yn rhaid canolbwyntio ar y frwydr galed dros yr wyth deg munud a rhoi fy sylw'n gyfangwbl ar y gêm.

Y PRAWF CYNTAF

Dw i ddim yn hollol siŵr beth a'th o'i le yn ystod yr hanner cynta. Wrth baratoi ar gyfer y gêm rodd y pac wedi bod yn gweithio'n galed ar y sgrymio. Yn y gême taleithiol dodd dim lle i gredu ein bod ni'n mynd i ga'l probleme yn yr agwedd honno yn ystod y Prawf Cynta. Ond, yn yr hanner agoriadol, fe gafodd ein sgrym ni ei chwalu gan bac y Springboks. O ganlyniad fe gawson ni ein cosbi'n aml gan y dyfarnwr, Bryce Lawrence. Yn wir fe drosodd De Affrica dair cic gosb gafodd eu rhoi am fod ein rheng flaen ni wedi troseddu yn y sgrym. Hefyd rodd y ffaith ein bod ni'n ca'l ein cosbi yn golygu ein bod ni'n colli cyfle i ennill meddiant gwerthfawr. Dodd ein llinelle ni chwaith ddim yn gweithio cystal ag y buon nhw. Erbyn hanner amser ro'n ni ar ei hôl hi o 19 i 7.

Dodd dim lot o syniad 'da ni'r olwyr beth odd yn bod ar y sgrym na beth odd yn digwydd yno. Yn sicr, rodd wyth De Affrica wedi targedu Phil Vickery ar y pen tyn. Gyda phwyse ei bac grymus y tu ôl iddo rodd Tendai 'Y Bwystfil' Mtawarira, prop pen rhydd y gwrthwynebwyr, yn creu hafoc. Ym mhob un o'r sgrymiau cynnar rodd e'n gwthio i fyny yn erbyn Phil a thrwyddo fe. Yn y sgrym gynta fe gafodd Phil ei godi oddi ar ei draed yn llwyr. O hynny mlân rodd y dyfarnwr yn honni fod Phil Vickery yn gyson yn gollwng ei afael yn y sgrym ac yn disgyn i mewn i'r twnnel. Ond rodd ein hyfforddwyr ni'n anghytuno'n llwyr ac o'r farn fod Mtawarira yn gwthio i mewn yn anghyfreithlon.

Ers blynyddodd rodd Phil wedi gwneud enw iddo'i hunan fel prop cryf ac effeithiol. 'Dyw rhywun fel 'na ddim yn troi'n brop gwan dros nos. Ond rodd ganddo broblem fawr yn y sgrym. Rodd wyth De Affrica yn gwthio fel un, yn gryf ac yn ddinistriol, yn ei erbyn e a Lee Mears, y bachwr, sy'n ddyn eitha bach. Mae safle'r prop pen tyn yn un mor anodd. Pan fydd pethe'n mynd yn dda yn y sgrym ychydig o glod, fel arfer, a gaiff y prop pen tyn. Ond pan fydd y sgrym mewn trafferthion, ac yn gwegian, fe, fel arfer, sy'n ca'l y bai.

Er gwaetha'r broblem gyda'r sgrym, trwy symud y bêl a chware rygbi deniadol fe lwyddon ni i greu sawl cyfle i sgorio, ond fe fethon ni â manteisio arnyn nhw. Eto, dodd yr hyfforddwyr ddim yn poeni gormod yn yr ystafell newid yn ystod egwyl hanner amser. Fe bwysodd Ian arnon ni i gadw'r bêl yn ein dwylo, i drio creu lle, i neud rhywbeth â'r bêl ac i beidio ag ildio cicie cosb. Yn anffodus, fe sgoriodd De Affrica gais hawdd yn gynnar yn yr ail hanner, gan wneud y sgôr yn 26 i 7. Ond, o hynny mlân, fe newidiodd pethe'n sylweddol. Fe dynnodd y tîm ar yr ysbryd ffantastig odd wedi ein clymu ni wrth ein gilydd ers dechre'r daith i frwydro 'nôl yn wych. Yn sgil ychydig o newidiade, gydag Adam Jones a Matthew Rees yn dod â mwy o rym i'r sgrym, fe ddechreuodd y pac feistroli blaenwyr De Affrica.

O'r diwedd fe gawson ni dipyn o feddiant ond, fel yn yr hanner cynta, fe wastraffon ni sawl cyfle i sgorio. Eto, yn raddol, ro'n ni'n pentyrru pwyntiau ac yn achosi tipyn o banig ymhlith y Springboks. Un rheswm am hynny, falle, odd bod rhai o'u chwaraewyr allweddol nhw wedi cael eu heilyddio ymhell cyn y diwedd. Ond, yn fy marn i, fe fasen ni wedi ca'l y gore arnyn nhw yn y cyfnod hwnnw 'ta pwy fydde 'da nhw ar y cae. Yn anffodus, rodd yr ymdrech yn ormod ac amser yn drech na ni yn y diwedd, wrth i ni golli o 26 i 21.

Rodd pawb yn siomedig yn yr ystafell newid wedi'r gêm. Ro'n ni i gyd yn gwybod y gallen ni fod wedi ennill, ac yn wir y *dylen* ni fod wedi ennill. Rodd Phil Vickery, yn naturiol falle, yn isel iawn ei ysbryd, gyda'r gweddill ohonon ni'n teimlo drosto ac yn trio'i gysuro. Eto, ar wahân i'r sgrym yn yr hanner cynta, ro'n ni i gyd yn eitha hapus â'r ffordd rodd y tîm wedi trio chware. Mae'n wir fod De Affrica wedi ennill trwy chware rygbi effeithiol a chlinigol. Fe chwareon nhw gêm gyfyng iawn, gan ddibynnu'n fawr ar gicio i ennill tir. Anaml iawn y gwnaethon nhw drio symud y bêl ar hyd y llinell. Yn ystod y gêm gyfan, dw i ddim yn meddwl eu bod nhw wedi rhoi mwy na dau gymal o chware wrth ei gilydd heb gicio. Ar y llaw arall, ein cynllun ni odd cadw'r bêl yn y dwylo gymaint â phosibl. O ganlyniad, ar wahân i sgorio tri chais, fe gethon ni ryw bump cyfle arall i groesi eu llinell nhw. Hefyd, yn yr ail hanner, fe dorron ni drwy eu llinell amddiffyn nhw chwech o weithie.

Er gwaetha'r siom fawr ro'n i'n ei theimlo o golli'r gêm, ro'n i'n eitha ples â fy ngêm bersonol i. Hefyd, fe gafodd Brian a fi dipyn o glod, yn enwedig yn y wasg, am greu partneriaeth effeithiol iawn. Ond rodd ein llwyddiant ni yn y canol yn dibynnu ar nifer o bethe. Yn gynta, y gwaith cartre trylwyr ro'n ni wedi'i neud ar ein gwrthwynebwyr. Yn ail, y gwaith caled rodd chwaraewyr eraill o'n cwmpas ni, yn ei neud oddi ar y bêl. Fe fydde'r ddau asgellwr yn gyson yn dewis onglau rhedeg effeithiol dros ben. Rodd hyn, wedyn, yn gadel mwy o le i ni'r canolwyr weithio ynddo. Yn drydydd, rodd Brian a fi yn lwcus fod amseru ein cyd-chwaraewyr mor dda wrth iddyn nhw basio'r bêl i ni. Canlyniad hynny odd eu bod nhw'n aml yn ein rhoi ni mewn gwagle, fydde'n rhoi cyfle i ni greu rhywfaint o drafferth i'r amddiffyn.

Yn naturiol rodd pawb yn teimlo'n ddigalon ar ôl y gêm. Er i ni fynd mas yn Durban y nosweth honno, i ga'l rhyw beint neu ddau, dodd dim rhyw lawer o hwyl ar neb. Ro'n ni ond yn falch nad odd rhaid i ni fynd i ginio swyddogol lle bydde disgwyl i ni sgwrsio a thrafod y gêm. Eto, rodd pawb nawr yn edrych mlân at gael cynnig arall ar drio maeddu'r Boks. Ro'n ni'n ffyddiog y gallen ni ga'l y gore arnyn nhw yn y gêm nesa. Er hynny, rodd llawer o'r farn ein bod ni wedi colli ein cyfle gore i ennill, drwy golli'r Prawf Cynta hwnnw. Ro'n nhw'n dadlau bod y Prawf Cynta wedi'i chware yn Durban. Gan fod Durban ar lefel y môr, rodd hynny'n ein siwto ni'n well. Fe fydde hi'n llawer mwy anodd, medden nhw, i chware yn Pretoria y dydd Sadwrn wedyn gan ei fod ar dir uchel iawn a'r aer yn denau.

Cyn y gêm honno bydde'r Llewod yn wynebu'r Emerging Springboks yn Stadiwm Newlands. O ganlyniad fe symudodd y garfan i gyd 'nôl i Capetown unwaith eto. Fe fuodd hi'n bwrw ac yn chwythu pan o'n ni yno'r tro cynta. Ond rodd y tywydd hyd yn oed yn waeth yr ail dro! Felly rodd hi'n amlwg nad odd hi ddim yn mynd i fod yn gêm hawdd. Rodd cyfle, wrth gwrs, gan un neu ddau o'n bechgyn ni i ddenu sylw'r dewiswyr yn y gêm. Y diwrnod wedyn y bydden nhw'n enwi'r tîm ar gyfer yr Ail Brawf.

Yn yr un modd rodd y gwrthwynebwyr yn awyddus i wneud argraff er mwyn ca'l eu hystyried i chware dros eu gwlad yn y dyfodol. Ro'n nhw hefyd am drio gwneud cymwynas â thîm De Affrica. Oherwydd, petaen nhw'n llwyddo i faeddu'r Llewod y nos Fawrth honno, fe fydde'n ergyd seicolegol bwysig i'r Boks cyn y Prawf ar y Sadwrn. Rodd hi'n gêm glòs, gyda'r tîm cartre'n llwyddo gyda throsiad, reit ar ddiwedd y gêm, i ddod yn gyfartal, 13 i 13.

PENNOD 9

YR AIL BRAWF

YN ÔL YR ARBENIGWYR, cyn y gall chwarewr fod yn gwbl gartrefol yn chware ar yr ucheldir fe ddyle sicrhau ei fod wedi treulio wyth niwrnod cyn y gêm yn dod i arfer ag aer tenau. Yr unig ddewis arall fydde cyrradd y stadiwm lle bydd e'n chware dim mwy na phedair awr ar hugain cyn y gêm. Yr ail opsiwn odd yr unig un posib i ni, cyn yr Ail Brawf yn Stadiwm Loftus Versfeld yn Pretoria.

Hyd yn hyn y Prawf Cynta odd y gêm bwysica i fi chware ynddi erioed. Rodd yr Ail Brawf hyd yn oed yn bwysicach ac fe ethon ni i'r gêm yn gwybod bod yn rhaid i ni ei hennill. Chawson ni neb i gyflwyno'n cryse i ni cyn y gêm, doedd dim angen unrhyw un i'n hysbrydoli. Geirie ola Ian McGeechan i ni, cyn gadel y gwesty, odd, "Mae crys pob un ohonoch chi'n hongian ar fachyn yn yr ystafell newid yn Loftus Versfeld. Pan ewch chi i mewn yno edrychwch arno, gwisgwch e a cerwch ag e i rywle sbesial y prynhawn 'ma!" Rwy'n credu i ni i gyd wneud hynny, er inni golli'r gêm.

Rodd cerdded i mewn i Loftus Versfeld yn dwyn atgofion melys i fi. Yno ro'n i wedi chware fy ngêm gynta dros Gymru fel canolwr yn ystod y daith i Dde Affrica yn haf 2008. Rodd hi'n anodd credu mod i, o fewn blwyddyn, yn ôl yno ac yn chware mewn gêm brawf i'r Llewod. Hwn hefyd odd cartre'r Blue Bulls. Dyma'r tîm cryfa yn Ne Affrica ac un o'r timau rhanbarthol gore yn y byd. Rodd y rhan fwya o'r tîm hwnnw hefyd yng ngharfan y Springboks. Fe wnath gweld eu lluniau nhw ar y waliau, wrth i ni gerdded i mewn i'r stadiwm, fy ysgwyd i sylweddoli maint y dasg odd yn ein hwynebu ni'r prynhawn hwnnw.

Eto ro'n ni'n gwbod ein bod ni'n ddigon da i allu ennill a bod ein ffordd ni o chware'n effeithiol. Am ryw ddau ddiwrnod ar ôl y Prawf Cynta fuon ni ddim yn ymarfer yn galed iawn. Y bwriad odd gadel i'r corff adennill ei nerth cyn ei roi fe o dan fwy o straen. Yna, erbyn diwedd yr wythnos, ro'n ni wedi ailafel ynddi gyda'r tân arferol. Rodd y blaenwyr, yn naturiol, yn rhoi llawer o sylw i'r sgrym. Yn naturiol, ar ôl eu chware grymus, rodd Adam Jones a Matthew Rees yn mynd i ddechre'r gêm y tro hwn. Hefyd, dewiswyd Simon Shaw, yn yr ail reng, i roi ychydig mwy o gadernid i'r sgrym a'r sgarmesi.

55

Rodd pawb mor falch drosto. Ar ôl gwisgo crys y Llewod 17 o weithie yn ystod tair taith, rodd e nawr wedi ennill ei gap cynta. Rodd un peth yn sicr, rodd hi'n fwriad i fod yn fwy corfforol y tro hwn ac i beidio â chymryd cam yn ôl yn erbyn De Affrica.

Rodd y gêm ar dân o'r munud cynta pan gafodd Schalk Burger ei hala i'r gell gosb am grafu llygad Luke Fitzgerald. Rodd y ddau'n gorwedd ar y llawr ar ôl sgarmes ac fe welwyd y drosedd gan y llumanwr, Bryce Lawrence. Eto, ei argymhelliad e i'r dyfarnwr, Christophe Berdos, odd rhoi cerdyn melyn i Burger. Yn fy marn i, a chymaint o bobl erill welodd y digwyddiad, rodd hynny'n benderfyniad gwarthus. Mae gweithred mor beryglus â chrafu llygad yn haeddu cerdyn coch. Dylai unrhyw un sy'n euog o hynny gael ei atal rhag chware am gyfnod hir. Nid yn unig gall y fath drosedd ga'l effaith ar yrfa rygbi rhywun ond fe all wneud niwed parhaol i'r llygad. Fel y digwyddodd hi, fu dim rhaid i Luke ddiodde dim byd gwaeth na'i fod e, am ychydig, yn gweld dau o bob dim. Ond dodd Burger ddim i wybod hynny pan nath e chware mor frwnt ac anghyfrifol. Rodd 'na gyfarfod arbennig i'w ddisgyblu ychydig ddyddie wedyn ac fe gafodd ei wahardd rhag chware am wyth wythnos. Peth arall a wnaeth Luke yn ddig odd i'r Pwyllgor

Disgyblu fynnu ei fod e'n bresennol yn y cyfarfod hwnnw. Rodd yn rhaid iddo ddisgrifio'r hyn ddigwyddodd er bod camerâu'r teledu yn dangos y drosedd yn glir.

Fe chwareon ni'n dda iawn yn ystod yr hanner cynta. Ro'n ni'n cystadlu ymhob agwedd o'r gêm a'r blaenwyr yn ca'l digon o feddiant inni allu symud y bêl yn effeithiol. Ro'n ni'r olwyr yn defnyddio'r un tactegau, fwy neu lai, ag a wnethon ni'r wythnos cynt. Eto, y tro hwn, ro'n i'n teimlo mod i'n ca'l fy marcio'n dynnach. Felly, rodd 'da fi lai o le i weithio ynddo. Ond wrth gwrs ma hynny'n aml yn arwain at adel gwagle i rywun arall achosi problem i'r amddiffyn. Dyna ddigwyddodd sawl gwaith yn ystod yr hanner cynta ac yn arbennig pan sgoriodd Rob Kearney. Fe ethon ni â'r bel yn llydan ac o ganlyniad i ddwylo da, yn enwedig gan Stephen Jones, a rygbi syml cafodd Rob ei ryddhau ac aeth drosodd yn y gornel. Ar yr hanner ro'n ni ar y blaen, o 16 i 8, ac yn teimlo'n hyderus y gallen ni ennill.

Yna pum munud i mewn i'r ail hanner fe gawson ni ddwy ergyd greulon i'n gobeithion. Fe fu'n rhaid i'r ddau brop, Gethin Jenkins ac Adam Jones, adael y cae oherwydd anafiade. Torrodd Gethin asgwrn ei foch wrth drio taclo Bryan Habana. Aeth ysgwydd Adam o'i lle wrth

iddo gael ei fwrw ar ymyl ryc gan Bakkies Botha.
Cafodd Botha ei wahardd rhag chware am
bythefnos o ganlyniad i hynny. Am i ni golli dau
brop dodd dim hawl gan y ddau bac i gystadlu
am y bêl yn y sgrym am weddill y gêm. Felly,
bydde'r mewnwr odd yn rhoi'r bêl i mewn yn
ei chodi hi o fôn y sgrym a'r ddau bac yn aros
i lawr heb wthio. Rodd hynny, wrth gwrs, yn
golygu bod y momentwm rodd y Llewod wedi'i
greu tan hynny nawr wedi'i golli. Fydde'r Boks
bellach ddim ar y droed ôl

Ond rodd gwaeth i ddod. Ar ôl ca'l ergyd i'w
ben wrth hyrddio i mewn i Rossouw, wythwr De
Affrica ar y pryd, fe fu'n rhaid i Brian O'Driscoll
adael y cae. Erbyn hynny rodd Bryan Habana
wedi sgorio cais ac rodd y tîm cartre wedi cau'r
bwlch rhwng y ddau dîm i 19 i 15. Dodd e'n
ddim cysur i Brian O'Driscoll fod Rossouw wedi
gorfod gadel y cae yn syth ar ôl ei dacl gadarn
arno gan fod ei goese fel jeli. Hefyd, yn ystod
y symudiad a wnaeth arwain at gais Habana fe
redodd Jean de Villiers, canolwr y Boks, i mewn
i fi gan blygu fy ngarddwrn yn ôl. O ganlyniad
dodd 'da fi ddim teimlad yn fy llaw, odd yn
golygu nad o'n i ddim yn gallu gafel yn y bêl.
Felly fe fu'n rhaid i fi, hefyd, adel y cae. Bellach,
felly, Ronan O'Gara a Shane Williams odd yn
chware fel canolwyr.

Erbyn hyn, rhwng popeth rodd patrwm chware'r Llewod wedi ca'l ei ddrysu'n llwyr. Eto, 25 i 25 odd y sgôr a'r cloc yn dangos y bydde'r gêm yn dod i ben y tro nesa y bydde'r bêl yn farw. Ro'n i wir yn meddwl ein bod ni'n mynd i ga'l cyfle i ddod â'r gyfres yn gyfartal yr wythnos wedyn yn y Trydydd Prawf. Yna, dath ergyd wnath chwalu'n gobeithion ni i gyd. Cafodd Ronan ei gosbi am dacl beryglus ac fe giciodd Steyn gôl wych o hanner ffordd i ennill y gêm ar yr eiliad olaf a chipio'r gyfres.

Am ugain munud gyfan ar ôl y gêm wedodd neb yr un gair yn ystafell newid y Llewod. Dw i erioed wedi bod mewn ystafell newid ar ôl gêm gyda chwaraewyr odd mor ddigalon. Rodd pawb yn nhîm y Gleision yn teimlo'n sobr o isel ar ôl colli i Gaerlŷr, trwy gicie cosb, yn rownd gynderfynol Cwpan Heineken. Ond rodd hyn yn waeth rywsut. Ro'n ni'n sylweddoli, ar ôl bod ar daith gyda'n gilydd ers wythnose â'r un nod o ennill y gyfres yn erbyn De Affrica, ein bod ni wedi methu. Rodd y gêm yno i'w hennill ond, yn bennaf oherwydd anafiade mewn ambell i safle allweddol, fe a'th hi o'n gafel ni.

Fe geisiodd Ian McGeechan, chware teg iddo, ein cysuro trwy ddweud ein bod wedi chware'n wych. Rodd e'n browd iawn o'n perfformiad ni, meddai, fel rodd pawb gartre a'r holl gefnogwyr odd yn y Loftus Veld. Yn wir, medde fe, rodd e wedi ca'l sawl neges yn dweud bod ein perfformiad ni gyda'r gore a fu erioed gan y Llewod. Ar ôl y gêm bu'n rhaid i bump ohonon ni fynd i'r ysbyty lleol. Aeth Adam ymhell cyn y gic ola ac fe gafodd ei ddilyn gen i, Gethin, Brian a Tommy Bowe. Ar ben hynny rodd gan Ronan y llygad du gwaetha rodd meddyg y Llewod, James Robson, wedi'i weld erioed y tu fas i'r sgwâr bocso. Dwedodd James fod y gêm yn un o'r rhai mwya milain a gawsai'r Llewod erioed. Rodd ynddi, meddai, fwy o anafiadau difrifol nag a welodd cyn hynny ar daith o'r fath. Yn ôl rhai o'r bechgyn fe fu tipyn o chware brwnt oddi ar y bêl gan Dde Affrica ond do'n i'n bersonol ddim yn dyst i hynny.

Rodd Adam yn ca'l llawdriniaeth o dan anesthetig pan gyrhaeddon ni yr Uned Ddamweiniau. Mae'n debyg iddyn nhw gymryd oriau i roi ei ysgwydd 'nôl yn ei lle. Rodd hi'n dasg reit anodd gan ei fod e mor gyhyrog. Cafodd Gethin wybod ei fod e wedi torri ei foch mewn pum lle gwahanol. Fe ges i glywed nad o'n i ddim wedi torri 'ngarddwrn ond mod i wedi'i sigo'n ddrwg. O ganlyniad fe fu'n rhaid i fi gael ei strapio, gan obeithio y bydde'r anaf yn gwella heb driniaeth. Mewn ffordd, base hi wedi bod yn well, falle, taswn i wedi torri 'ngarddwrn achos mae sigo asgwrn yn aml yn cymryd yn hirach i wella. Yn wir mae 'ngarddwrn i'n dal i fod yn boenus, rai misoedd yn ddiweddarach.

Y BYWYD GWYLLT

Nos Sadwrn digon tawel gawson ni ar ôl yr Ail Brawf hwnnw. Fe ethon ni 'nôl i'r bar yn y gwesty a cha'l diod neu ddau gyda'n gilydd, wrth i ni drafod y gêm. Wrth gwrs ro'n ni i gyd yn siomedig ond do'n ni ddim yn rhy ddigalon. Ro'n ni'n gwbod na ddylen ni ddim fod wedi colli'r prynhawn hwnnw. Ar ben hynny rodd yr hyfforddwyr, yn ogystal â ni'r chwaraewyr, yn hapus iawn â'r ffordd ro'n ni wedi chware. Oni bai am yr holl anafiadau gawson ni, fe fydden ni wedi ennill. Rodd y sling y bu'n rhaid i mi ei wisgo am rai dyddie wedyn yn fy atgoffa i pa mor galed fu'r frwydr honno.

Ro'n i'n gobeithio y base 'ngarddwrn i'n gwella digon fel y gallwn i chware yn y Prawf ola ymhen ychydig ddyddie. Eto rodd e mor boenus ar y dydd Sul fel mod i'n gwbod yn fy nghalon na fyddwn i'n ddigon iach. Fe wnes i ddal i obeithio am ddiwrnod neu ddau ond erbyn y dydd Mercher rodd yn rhaid i fi roi gwybod i'r tîm hyfforddi na allwn i chware ar y dydd Sadwrn. Ro'n i mor siomedig... ac yn fwy siomedig byth ar ôl y Prawf hwnnw. Oherwydd, ro'n i wedi colli'r cyfle i fod yn rhan o dîm y Llewod a faeddodd De Affrica mewn gêm brawf!

Rodd y garfan yn edrych ymlân yn fawr iawn at y Prawf ola hwnnw ac at ga'l un cyfle arall i ddangos i'r Boks ein bod ni'n well na nhw. Yn naturiol rodd pawb yn teimlo'n isel am ddiwrnod neu ddau ar ôl yr ail Brawf. Ond fe gawson ni un cysur mawr odd yn help i ni anghofio'r profiad diflas hwnnw. Fe gawson ni fynd ar saffari ac aros yng Ngwarchodfa Anifeiliaid Gwyllt Entabeni – taith o ryw ddwy awr a hanner o Pretoria. Ystyr y gair Entabeni yw "lle'r mynyddoedd" ac yn wir mae e mewn man trawiadol iawn. Rodd ein llety ni fel gwesty moethus ac rodd hi'n anodd credu bod pob math o anifeiliaid gwyllt ar garreg y drws, fel petai.

Buon ni mas yn chwilio amdanyn nhw mewn cerbydau pwrpasol, a rheiny'n cario deg o bobl. Rodd hynny ynddo'i hunan yn lot o sbort. Rodd y gerddoriaeth odd i'w chlywed ar hyd y daith, a'r holl dynnu coes ymhlith ein gilydd, yn gwneud i ni deimlo ein bod ni ar wylie. Ond wrth gwrs dodd hynny'n ddim byd i'w gymharu â'r wefr gawson ni o weld yr holl anifeiliaid a'r golygfeydd o'n cwmpas ni.

Mae bod ar bwys llyn ar saffari yn aml yn ffordd dda o weld nifer fawr o anifeiliaid gwahanol. At y llyn fel arfer y byddan nhw'n dod i dorri syched ac i ymdrochi. Yn anffodus, er bod llyn gerllaw ein gwesty ni, welson ni ddim un anifail yno. Ond rodd mynd mas yn y cerbydau i chwilio amdanyn nhw, falle, yn fwy o hwyl. Gan fod sawl cerbyd mas ar yr un pryd cyn gynted ag y bydde un yn gweld rhywbeth diddorol rodd modd hala neges at y lleill. Rodd hyn yn ffordd dda o neud yn siŵr bod pawb yn ca'l cyfle i weld rhywbeth cofiadwy.

Rodd y profiad yn un anhygoel. Fe ethon ni mas ddwy waith, un waith yn gynnar yn y bore, er mwyn ca'l gweld y wawr yn torri dros gynefin yr anifeiliaid. Y tro arall fe fuon ni ar daith gyda'r nos gan weld y machlud ar ei orau. Y ddau dro rodd lliwiau'r awyr a'r wlad o gwmpas mor drawiadol. Ond, wrth gwrs, yr hyn a'th â 'ngwynt i yn fwy na dim arall odd ca'l bod mor agos at yr anifeiliaid gwyllt. Cawson ni gyfle i weld llewod, eliffantod, rhino, jiraffiaid, hipos, impala a sebras. Mae rhywun wedi hen arfer â'u gweld nhw mewn sw wrth gwrs, ond rodd ca'l bod yn rhan o'u bywyd bob dydd yn eu cynefin, yn brofiad i'w drysori.

Rwy'n hoff iawn o dynnu lluniau ac mae gen i rai da iawn i'm hatgoffa o'r hwyl ges i ar y saffari. Ond, fel teulu, ma 'da ni rai gwell o lawer. Ychydig cyn i ni fynd yno rodd fy mrawd, David wedi bod i Entabeni. Rodd e'n dilyn ein taith ni mas yn Ne Affrica gyda rhai o'i ffrindie. Gan ei fod e'n ddyn camera teledu, mae ganddo lygad da. O ganlyniad rodd fy ngwaith camera i'n ddigon syml o'i gymharu â'i luniau fe o'r saffari! Maen nhw'n wych.

Ar wahân i'n teithie ni yn y cerbydau rodd 'na sawl peth arall wnaeth ein hymweliad ni mor gofiadwy. Fe ges gyfle yn y warchodfa i fynd i mewn, ar fy mhen fy hun, i gaets mawr er mwyn rhoi tipyn bach o faldod i lew a hwnnw'n un digon sylweddol ei faint. Dw i erioed wedi teimlo mor ddewr yn fy mywyd! Achlysur arall fydd yn aros yn y cof am beth amser odd y noson y buon ni'n eistedd o gwmpas tân agored ar dir y gwesty. Fe gawson amser pleserus iawn yn adrodd ambell i stori, tynnu ar ein gilydd a gwrando ar ambell i sŵn digon dieithr a chyffrous yn dod o'r tu draw i ffin ein llety ni!

Nid dyna'r unig dro ar y daith i fi ddod ar draws ambell i greadur anghyffredin. Tra o'n ni yn Durban fe a'th nifer ohonon ni i Barc Byd y Môr yn uShaka. Fe geson ni gyfle i fynd i lawr o dan y dŵr mewn caets bach i weld siarcod yn nofio o'n cwmpas, fodfeddi oddi wrth ein hwynebau ni. Rodd gweld y creaduriaid arswydus hyn yn llythrennol o dan fy nhrwyn yn hala rhyw ias i lawr f'asgwrn cefn i. Eto, dodd dim ofn arna i, efalle oherwydd bod y cawr o brop, Andrew Sheridan, yn rhannu'r caets â fi!

Un o'r profiadau mwyaf cyffrous ges i oddi ar y cae odd mynd i hela. Fe gafodd tua dwsin ohonon ni wahoddiad gan Ollie le Roux i'w fferm ger Bloemfontein. Y fe odd y prop ifanca erioed i chware i Dde Affrica pan enillodd ei gap cynta yn erbyn Lloegr yn 1995, ac yntau ond yn 21 oed. Ar hyn o bryd mae'n chware i Leinster. Hela'r springbok o'n ni ar fferm Oli a hynny yn ystod y nos. Pan fydden ni'n dod ar eu traws fe fydden ni'n eu dallu â lampau, odd yn ei gwneud hi'n haws wedyn i'w saethu.

Do'n i erioed wedi bod yn hela o'r blaen ac mae'n rhaid i fi gyfadde i mi ga'l tipyn o 'buzz' wrth wneud. Yn ôl y traddodiad, wedi lladd anifail am y tro cynta erioed, rodd yn rhaid bwyta'i geillie fe yn y fan a'r lle, os taw un gwryw odd e. A dyna ddigwyddodd i fi! Rhaid cyfadde na wnes i ddim mwynhau'r agwedd honno ar yr hela o gwbl! Wrth ladd anifail benyw am y tro cynta rodd yn rhaid bwyta'r iau. Yna wedi'r ddefod honno, rodd yn rhaid mynd yn ôl i'r gwesty, heb olchi ein hwynebau o gwbl. Fe fu'n rhaid i mi, felly, gerdded trwy'r cyntedd gyda gwaed ceillie'r springbok marw ar hyd fy wyneb i gyd!

Fe golles i, am wahanol resymau, ambell i achlysur gafodd ei drefnu ar ein cyfer ni. Byddwn i wedi bod wrth fy modd yn ymuno â rhai o'r bois ar daith mewn hofrennydd o gwmpas Johannesburg, a Soweto yn enwedig. Rodd hwnnw'n brofiad gwych yn ôl pob sôn. 'Swn i hefyd wedi lico ymuno â'r grŵp arbennig gafodd wahoddiad i agor caeau chware newydd mewn ysgol arbennig. Mae'n debyg iddyn nhw ga'l croeso anhygoel gan y plant yno. Ond rodd hi yn anodd ei dal hi ym mhob man.

Yn sicr, uchafbwynt y rhaglen gymdeithasol i fi odd ein hymweliad ag Entabeni. Fe wnaeth y staff bopeth i neud yn siŵr ein bod ni'n ca'l amser gwych yno. Dodd dim byd yn ormod o drafferth iddyn nhw. 'Sdim rhyfedd fod tîm pêl-droed Brasil eisoes wedi llogi'r lle ar gyfer eu cyfnod nhw yn Ne Affrica, yn ystod Cwpan y Byd 2010.

PENNOD 11

UN CYFLE ARALL

YN DILYN YR AIL Brawf fe gafodd hyfforddwr De Affrica, Peter de Villiers, ei feirniadu'n hallt am ei sylwadau ynghylch yr hyn wnath Schalk Burger i Luke Fitzgerald. Yn ei farn e, dodd Burger ddim wedi gneud dim o'i le ac rodd y math yna o ddigwyddiad i'w ddisgwyl mewn gêm o rygbi. Ro'n i'n ffaelu credu iddo ddweud hynny ac yn wir fe wnath y byd rygbi'n gyffredinol weld bai mawr arno. Do'n i felly ddim yn synnu bod Undeb Rygbi De Affrica, yn fuan wedyn, wedi ymddiheuro'n gyhoeddus am yr hyn ddwedodd e. Yn wir fe fu'n rhaid i De Villiers ei hunan, mas o law, roi cynnig ar dynnu ei eirie yn ôl.

Tra o'n i'n chwarae i'r Barbariaid yn erbyn y Crysau Duon ym mis Rhagfyr fe ddes i nabod Schalk Burger yn eitha da. Mae e'n fachan arbennig o ffein ac ma 'da fi bellach feddwl uchel ohono fel person. Mae hynny'n gwneud yr hyn wnath e i Luke yn fwy anodd byth i'w egluro. Yr unig esboniad, am wn i, yw fod yr adrenalin yn gyrru rhai chwaraewyr i fynd dros ben llestri weithie. Falle hefyd fod hyn yn fwy tebyg o ddigwydd ar ddechre gêm, yn syth ar ôl dod o gyffro'r ystafell newid. Fues i ddim yn trafod y cerdyn melyn yna gyda Schalk ond fe gafodd ei bryfocio'n gyson am y digwyddiad gan ei gyd-chwaraewyr tra o'n i gyda'r Barbariaid!

Rodd wyth newid yn nhîm y Llewod ar gyfer y Prawf olaf – y rhan fwyaf oherwydd yr holl anafiadau a fu y dydd Sadwrn cynt. Ro'n i mor falch bod Riki Flutey wedi ca'l ei le yn y canol. Fe fuodd e mor anlwcus ar ddechre'r daith, ac ynte'n ca'l anaf wnath ei rwystro rhag chware am rai wythnosau. Oni bai am hynny mae'n bosib iawn na faswn i wedi cael y cyfle i sefydlu partneriaeth gyda Bryan O'Driscoll, a cha'l fy newis ar gyfer y Prawf Cynta. Yn y cyfnod yn arwain at y Trydydd Prawf rodd Riki wedi bod yn chware'n dda iawn ac yn llawn haeddu ei le.

Ro'n i'n teimlo'n falch iawn dros Martyn Williams hefyd. Rodd ca'l ei ddewis ar gyfer y Prawf ola'n golygu taw dyna fydde'r tro cynta iddo ddechrau gêm brawf i'r Llewod. Rodd hynny'n anodd i'w gredu falle o gofio taw hon odd ei drydedd taith. Rodd hi'n braf iawn hefyd gweld Phil Vickery 'nôl yn y tîm, ar gyfer yr hyn a ddwedodd e 'odd falle'r gêm bwysica yn fy mywyd i'. Ac ynte wedi ca'l ei feirniadu gyment yn dilyn y Prawf Cynta dodd hi ddim ond yn deg ei fod yn ca'l cyfle i adennill rhywfaint o barch. Wedi'r cyfan, mae Phil yn un o'r props pen tyn gore yn y byd. Rodd y ffordd y cafodd ein sgrym ni ei chwalu yn y Prawf Cynta yn ganlyniad i sawl ffactor, nid dim ond oherwydd y ffaith fod Phil o dan bwysau.

Rodd hi'n neis hefyd gweld Ugo Monye, un o'r ffrindie da wnes i ar y daith, 'nôl yn y tîm Prawf. Rodd e wedi colli ei le yn dilyn y Prawf Cynta ond rodd ei ffydd e, medde fe, wedi'i helpu fe i dderbyn y sefyllfa honno. Fe fydde fe'n dweud yn agored fod Duw yn bwysig iawn yn ei fywyd ac yn ystod y daith fe fydde fe'n aml yn mynd i'r cwrdd ar fore Sul.

Rodd 'na ddigon i godi ysbryd y bechgyn cyn y Prawf ola. Yn gynta fe gafwyd araith emosiynol gan Warren Gatland yn yr ystafell newid cyn y gêm. Fe dynnodd ein sylw at y ffaith fod rhai yn y tîm odd yn chware i'r Llewod am y tro ola yn eu gyrfa. Rodd yn rhaid felly, medde fe, i bob un neud ei orau glas i sicrhau bod y canlyniad yn un y galle'r bechgyn hynny ei gofio am byth a bod yn falch ohono. Yn ôl y sôn, fe welwyd ambell i ddeigryn mewn sawl llygad bryd hynny!

Hefyd, wrth gwrs, rodd y bois o'r farn ein bod ni'n well tîm na De Affrica a'n bod ni wedi chware rygbi pertach na nhw. Ro'n nhw hefyd yn gwybod bod canlyniadau'r ddau brawf cynta wedi bod yn annheg. Un cyfle'n unig odd 'da'r bois ar ôl i brofi hynny ac ro'n nhw'n benderfynol o'i gymryd e. Dodd dim dwywaith amdani, ro'n nhw'n mynd i godi enw'r Llewod yn ôl i'r brig unwaith eto.

Fe ges i amser digon tawel cyn y gêm ola honno. Am y tro cynta, falle, ro'n i'n gallu ymlacio go iawn. Fe fues i'n trio darllen yr holl negeseuon e-bost ro'n i wedi'u derbyn ac yn neud trefniade ar y we ar gyfer y gwyliau ro'n i'n mynd i'w ca'l ar ôl y daith. Ro'n i'n bwriadu mynd i Sbaen gyda 'nghariad ac yna crwydro tipyn yng nghwmni hen ffrind ar draws yr Unol Daleithiau. Fe ges i gyfle hefyd i gwrdd â Dad a David, er mwyn clywed am y newyddion diweddara am eu taith nhw. Yn ogystal, gyda'r nos, fe fues i a rhai o'r bechgyn erill nad odd yn chware ar y dydd Sadwrn, mas am ddiod neu ddau. Rodd hyn yn wahanol iawn i fel rodd hi yn ystod yr wythnose cynt. Bryd hynny fydden ni byth bron yn ca'l cyfle i fynd mas am beint ganol wythnos. Eto, ar ôl dweud hynny i gyd, 'swn i wedi dwlu bod gyda'r bois yn paratoi ar gyfer y Trydydd Prawf.

Fe wnath De Affrica ddeg newid i'w tîm ar gyfer y Prawf ola. Yn ôl rhai rodd hyn yn awgrymu nad odd ganddyn nhw ddim parch at y Llewod bellach. Dodd hynny ddim yn ein poeni ni o gwbl gan ein bod ni'n credu y gallen ni faeddu pa dîm bynnag fydden nhw'n ei roi ar y cae. Ond un peth rhyfedd wnath y tîm ar y diwrnod odd gwisgo breichled yr un gyda 'Justice 4' wedi'i sgrifennu arnyn nhw. Cyfeiriad odd hyn at y ffaith eu bod nhw o'r farn fod Bakkies Botha wedi ca'l cam pan gafodd ei atal rhag chware am bythefnos. Yn dilyn yr Ail Brawf rodd un o'r swyddogion dyfarnu odd yn yr eisteddle wedi tynnu sylw at y ffaith fod Botha wedi hyrddio i mewn i Adam Jones yn anghyfreithlon. Ro'n ni i gyd yn meddwl bod y syniad o wisgo breichled fel y gwnaethon nhw'n chwerthinllyd. Fel y dywedodd un o'r bois, falle dyle'r Llewod fod wedi rhedeg ar y cae yn gwisgo mwgwd dros eu llygaid a'r geiriau "Justice 4 Luke" wedi'u sgrifennu ar bob un!

Fe gafodd Adam, wrth gwrs, niwed difrifol i'w ysgwydd ac o ganlyniad fe fu'n rhaid iddo adael y cae, a'r daith. Y gŵyn gan De Affrica odd fod yr hyn wnath Botha, sef clirio Adam o ymyl y ryc â'i ysgwydd, yn rhan gyffredin o bob gêm bellach. Mae rhywfaint o wir yn hynny a do's dim cysondeb yn y ffordd mae'r agwedd honno'n ca'l ei dyfarnu. Mae angen rheolau mwy llym yn egluro'n bendant beth sydd yn drosedd, a'r hyn sy'n dderbyniol yn y ryc ac o'i chwmpas. Ar ôl dweud hynny rodd y ffordd nath

Botha hyrddio i mewn i Adam yn anghyfrifol ac yn beryglus. Rodd yr hyn ddigwyddodd i Adam yn brawf o hynny.

PENNOD 12

Y PRAWF OLAF

ATH POPETH FEL WATSH yn ystod y gêm, a hynny
o'r sgrym cynta pan chwalodd Phil Vickery, a
gweddill y pac, flaenwyr De Affrica. Y canlyniad
odd cic gosb i ni ac mi gafodd ei throsi gan
Stephen Jones. Fe a'th pethau o nerth i nerth o
hynny mlân. Rodd y bois i gyd yn arwyr go iawn
wrth i'r Llewod brofi eu bod nhw'n feistri ar y
Boks ymhob agwedd o'r chware. Dim ond wyth
pwynt odd yn gwahanu'r ddau dîm ar ôl y ddau
brawf gollon ni. Rodd hi mor wahanol y tro hwn
gyda sgôr terfynol yn 28 i 9. Rodd ennill o 19
pwynt gymaint â'r fuddugoliaeth fwya erioed
gan y Llewod yn erbyn De Affrica. Yn yr Ail
Brawf yn Pretoria yn 1974 y digwyddodd hynny,
â'r Llewod yn ennill o'r un sgôr yn union ag a
gafwyd yn y Trydydd Prawf yn 2009.

Rodd sawl digwyddiad cofiadwy yn ystod
y gêm. Tacl wych Tommy Bowe, a gafodd gêm
ardderchog yn canol, i rwystro Ndungane rhag
croesi yn y gornel. Hefyd rhyng-gipiad Hugo
Monye a redodd ar hyd y cae i sgorio, Ond i fi, yr

uchafbwynt odd y cais sgoriodd Shane Williams wedi i Riki Flutey ac ynte gyfuno mor wych ar yr asgell chwith. Wrth gwrs, y peth mwyaf trawiadol oddi ar y cae y diwrnod hwnnw odd y gefnogaeth ffantastig gawson ni yn Ellis Park gan ddilynwyr y Llewod.

Ro'n nhw wedi bod yn wych ar hyd y daith. Fe fydden ni'n dod ar eu traws drwy'r amser ym mha bynnag westy ro'n ni'n aros. Yn wir fe fydde llawer o'r cefnogwyr a'r wasg yn aml yn aros yn yr un lle â ni. O ganlyniad ro'n ni'n gyson yn arwyddo hyn a'r llall i'r cefnogwyr neu yn ca'l tynnu ein lluniau gyda nhw. Ond rodd hyn i gyd yn rhan o hwyl y daith mewn gwirionedd. Yn sicr rodd e'n gwneud i ni sylweddoli cymaint o gefnogaeth odd 'da ni mas 'na. Falle fod hynny i'w weld orau yn ystod y gêm ola honno. Ar y diwedd a'th carfan y Llewod draw at y cefnogwyr fel arwydd o ddiolch am eu cyfraniad arbennig i lwyddiant y daith.

Er ein bod ni wedi colli'r gyfres i Dde Affrica base unrhyw un yn meddwl taw ni odd wedi'i hennill. Rodd hi fel ffair yn yr ystafell newid ar ôl y gêm, pawb yn dathlu, yn canmol ei gilydd, yn dawnsio ac yn canu. Rodd mynd mawr ar un dôn yn arbennig, sef 'Sunchyme' gan Dario G, darn offerynnol odd yn enghraifft gyffrous o gerddoriaeth draddodiadol Affrica. Rodd Riki a fi wedi dewis ei chware hi ar y bws yn gynnar ar y daith ac rodd pawb yn dwlu arni erbyn i ni ddathlu'r fuddugoliaeth ar ôl y Trydydd Prawf.

Rodd 'na dderbyniad swyddogol i'r ddau dîm yn hwyrach y nosweth honno. Fe gawson ni gyfle i sgwrsio rhywfaint â rhai o chwaraewyr De Affrica. Ond fel sy'n digwydd yn aml mewn sefyllfa o'r fath do's dim llawer o awydd cymdeithasu ar dîm sy wedi colli'n rhacs. Felly, fe ethon ni, fel carfan, 'nôl i'r gwesty i fwynhau gweddill y nosweth gyda'n gilydd. I rai, fe barodd y dathlu lawr yn y ddinas am rai oriau wedi hynny!

Y bore wedyn fe ges i wybod gan noddwyr y daith, HSBC, fy mod i wedi ennill anrhydedd arbennig. Rodd y wasg a fu'n ein dilyn ers chwe wythnos yn Ne Affrica, wedi fy newis i'n Chwaraewr Gorau'r Daith. Do'n i ddim yn gallu credu'r peth! Rodd hynny'n rhyfeddol! Taswn i wedi gorfod enwi'r chwarewr gore fe faswn i wedi dewis naill ai Tommy Bowe, neu'n arbennig, Mike Phillips. Fe gafodd y ddau, yn fy marn i, daith ardderchog. Rodd hi'n anodd 'da fi gredu mod i, o'r holl chwaraewyr gwych odd ar y daith, yn haeddu'r fath glod. Ro'n i'n teimlo mor browd o ennill anrhydedd odd yn binacl arall ar fy ngyrfa. I'm hatgoffa o'r anrhydedd fe ges i fwced oeri champagne yn wobr.

Rodd ysgwyd llaw a ffarwelio â'r bois erill ar ôl cyrradd Heathrow yn anodd iawn. Rodd rhyw berthynas arbennig wedi datblygu rhyngon ni yn ystod y saith wythnos y buon ni gyda'n gilydd. Rodd y teimlad o gyfeillgarwch a dyfodd rhwng pawb yn amlwg ym mhob peth buon ni'n ei neud gyda'n gilydd, ar y cae ac oddi arno. Yn ôl y sôn, dodd hynny ddim mor wir am rai o'r teithiau diwetha y bu'r Llewod arnyn nhw. O ganlyniad fe fu peth trafod cyn y daith fod dyddie'r Llewod yn debyg o ddod i ben. Dodd dim pwynt, medd rhai, mewn cynnal teithiau yn enw Prydain ac Iwerddon mwyach. Yn un peth, rodd timau cenedlaethol y pum gwlad a gâi eu cynrychioli gan y Llewod bellach yn gwneud teithiau tebyg i hemisffer y de. Fe fydde pob aelod o garfan Llewod 2009 yn anghytuno'n llwyr.

Bydde'r byd rygbi yn Ne Affrica yn sicr o anghytuno hefyd. Mae'n wlad sy'n falch iawn o'i llwyddiant wrth chware rygbi ac yn awyddus i brofi bob amser taw hi yw'r orau yn y byd. Mae chware a maeddu tîm sy'n cynnwys chwaraewyr gore Prydain yn dal i fod yn un o uchafbwyntiau'r calendr rygbi i bobl y wlad honno. Rodd hynny'n amlwg oddi ar y cae wrth siarad â phobl ac wrth ddarllen y papurau newydd. Ond, yn fy marn i, rodd e i'w weld ar ei gryfaf ar y cae rygbi.

Dwy i ddim wedi chware erioed mewn gême mor galed ac angerddol â'r ddau Brawf cynta yna yn Ne Affrica. Rodd yr un peth yn wir yn ôl y bois a chwaraeodd yn y Prawf ola. Mae'r arbenigwyr i gyd yn cytuno ei bod hi'n gyfres epig. Rodd ganddi bopeth. Yn bwysicach na dim, rygbi o safon. Hefyd dewrder, ymroddiad, tensiwn, drama a theyrngarwch gan chwaraewyr i'w gilydd. Wrth gwrs, gan ein bod ni wedi colli'r gyfres, rodd siom hefyd yn rhan o'n profiad ni. Eto, y tu ôl i'r cyfan, rodd y teimlad y dylen ni fod wedi ennill y gyfres a taw y ni odd y tîm gore.

Ar lefel bersonol fe wnaeth taith y Llewod wahaniaeth mawr i 'mywyd i. Yn gynta fe ddysges i lawer iawn fel chwarewr. Rodd ymarfer a chware ochr yn ochr â chymaint o chwaraewyr disglair yn help i fi ddatblygu 'ngêm i'n hunan. Rodd ganddyn nhw i gyd rywbeth i'w gynnig ac ro'n i'n gallu tynnu ar eu sgiliau gwahanol nhw. Yn ogystal rodd chware yn erbyn tîm mor ddawnus a chaled â De Affrica yn sialens fawr. Rodd wynebu'r sialens honno'n sicr yn golygu mod i wedi gorfod codi fy safonau.

Oddi ar y cae mae ambell i gyfle wedi codi i neud arian – modelu dillad, hyd yn oed. Erbyn hyn hefyd mae llawer mwy o bobl yn fy nabod i, ac yn dod ata i i siarad. Ma hyn yn digwydd ar y stryd, yn y dafarn neu ar y wardiau yn yr ysbyty pan fydda i wrth fy ngwaith yn gweld cleifion. Ma'n rhaid i fi ddweud mod i, fel arfer, yn teimlo'n browd iawn eu bod nhw eisie siarad 'da fi am fy ngyrfa rygbi.

Fel mae'n digwydd, fe fydda i'n gneud llawer mwy o waith ar y wardiau yn ystod y blynyddoedd nesa fel rhan o'r cwrs Meddygaeth rwy'n ei ddilyn. Ar hyn o bryd rwy ar fy mhedwaredd flwyddyn ac fe fydda i'n cymryd dwy flynedd i'w gorffen hi. Wedyn, fe fydda i'n dewis gwneud y bumed flwyddyn hefyd dros gyfnod o ddwy flynedd er mwyn i fi allu parhau i ddilyn fy ngyrfa ar y cae rygbi ar yr un pryd. Yn wir, mae'r Ysgol Feddygol ym Mhrifysgol Caerdydd wedi bod yn wych o'r dechrau. Maen nhw wedi bod yn barod iawn i adael i fi aildrefnu rhannau o'r cwrs, yn enwedig yr arholiadau, i gyd-fynd â'm gyrfa rygbi. Ar ôl graddio fe faswn i'n lico cymryd blwyddyn neu ddwy wedyn i benderfynu ydw i am arbenigo mewn rhyw faes meddygol ai peidio. Os gwna i, falle taw anafiadau'r byd chwaraeon fydd yn fy nenu i.

Wrth gwrs mae un dasg fawr yn wynebu pob un ohonon ni'r Llewod wrth i ni, gobeithio, gael ein dewis i'n timau cenedlaethol ar gyfer cyfres y Chwe Gwlad yn 2010. Ry'n ni i gyd bellach mor gyfarwydd ag arddull chware ein gilydd. Felly fe fydd hi'n dipyn o gamp gwneud argraff yn erbyn y bois odd yn sefyll ochr yn ochr â ni yn Ne Affrica. Ar ben hynny rodd tri o hyfforddwyr Cymru ar ddyletswydd gyda'r Llewod ac yn gyfrifol am y tactegau ro'n ni'n eu defnyddio ar y cae. Bydd hi'n gamp meddwl am rai newydd, felly! Mae hi'n mynd i fod yn gyfres ddiddorol!